道路旅客运输安全生产监督检查指导手册

交通运输部运输服务司　审　定
交通运输部公路科学研究院　组织编写

人民交通出版社股份有限公司
北　京

内 容 提 要

本书由行业管理机构内部综合安全监管、行业管理机构对企业的安全生产监督检查要求与检查流程、安全生产监督检查指导表三部分构成，供各级交通运输管理部门对交通运输企业进行安全生产检查、上级交通运输主管部门对下级交通运输管理部门安全生产工作履职情况检查时参考。

图书在版编目(CIP)数据

道路旅客运输安全生产监督检查指导手册/交通运输部公路科学研究院组织编写.—北京:人民交通出版社股份有限公司,2021.9

ISBN 978-7-114-17393-6

Ⅰ.①道…　Ⅱ.①交…　Ⅲ.①公路运输—旅客运输—交通运输安全—安全生产—安全管理—中国—手册　Ⅳ.①U492.8-62

中国版本图书馆 CIP 数据核字(2021)第 110656 号

Daolu Lüke Yunshu Anquan Shengchan Jiandu Jiancha Zhidao Shouce

书　　名: 道路旅客运输安全生产监督检查指导手册
著 作 者: 交通运输部公路科学研究院
责任编辑: 姚　旭
责任校对: 孙国靖　宋佳时
责任印制: 刘高彤
出版发行: 人民交通出版社股份有限公司
地　　址: (100011)北京市朝阳区安定门外外馆斜街 3 号
网　　址: http://www.ccpcl.com.cn
销售电话: (010)59757973
总 经 销: 人民交通出版社股份有限公司发行部
经　　销: 各地新华书店
印　　刷: 北京印匠彩色印刷有限公司
开　　本: 880×1230　1/32
印　　张: 4.375
字　　数: 96 千
版　　次: 2021 年 9 月　第 1 版
印　　次: 2024 年 5 月　第 3 次印刷
书　　号: ISBN 978-7-114-17393-6
定　　价: 20.00 元

审定委员会

编写委员会

前　言

为深入贯彻落实习近平总书记关于安全生产的重要指示精神，推进行业安全生产监督检查工作系统化、规范化、标准化。以提升行业安全生产治理能力为目标，以规范行业安全检查为落脚点，交通运输部运输服务司组织交通运输部公路科学研究院、交通运输部科学研究院、长安大学编写了道路运输安全生产监督检查指导手册（以下简称《指导手册》）。

《指导手册》为道路运输安全生产监督检查人员应知应会的工具书，重点解决行业管理“不会管、不想管、不敢管、不知道怎么管”的问题，既能用于各级道路运输管理部门对交通运输企业的安全生产检查，也能用于上级交通运输管理部门对下级交通运输管理部门安全生产工作履职情况的检查。

《指导手册》有利于统一检查标准和要求，通过细化各领域的检查内容和要求，避免检查单位或个人依据经验开展检查工作可能存在的盲区和漏洞；有利于规范检查程序，通过明确检查程序和检查方法等，指导检查人员有目标、有步骤、有内容地开展检查，切实落实检查的各项工作要求；有利于突出检查重点，通过行业各业务领域的检查要点，指导检查人员更有针对性地选择检查对象和内容，突出重点，提高效率；有利于推动行业安全监管责任落实，通过明确各项检查内容的检查依据、处罚依据等，指导检查人员依法依规开展检查，落实行业监管责任；有利于企业明确行业监管重点，推动企业落实安全生产责任，提升安全管理水平。

希望《指导手册》的出版，能够促进提升道路运输安全生产监督检查工作水平，指导和推动企业进一步规范安全生产管理，落实好安全生产主体责任。

编写委员会

2021 年 8 月

目　录

第一部分　行业管理机构内部综合安全监管

序号	监管职责	监管依据	检查内容	检查记录
1	设置安全管理机构及配备安全监督管理人员	《交通运输部关于推进交通运输安全体系建设的意见》(交安监发〔2015〕20号) 19.加强安全管理力量配备。……交通运输管理部门应完善部、省、市、县四级安全管理机构,明确相应专职安全监督管理人员。有通航水域或农村公路通营运车辆的乡镇按规定配备专(兼)职安全监督管理人员。……	通过资料审查和现场检查的方式,检查监管部门"三定方案"中对于安全管理机构设置及安全监督管理人员配备情况,是否设置安全管理机构,是否配备与监管任务相匹配的专职安全监督管理人员	
2	制定安全生产权力和责任清单	《中共中央　国务院关于推进安全生产领域改革发展的意见》 (八)严格责任追究制度。……依法依规制定各有关部门安全生产权力和责任清单,尽职照单免责、失职照单问责。……	通过资料审查的方式,检查监管部门是否制定安全生产权力和责任清单,清单是否向社会公开	

续上表

序号	监管职责	监管依据	检查内容	检查记录
3	建立健全安全生产管理制度	《交通运输部关于推进交通运输安全体系建设的意见》 2. 完善安全生产制度。……各级交通运输管理部门应建立健全重点监管名单、责任追究、“一岗双责”、隐患排查治理、奖惩激励、诚信管理、安全生产约谈、挂牌督办、监督检查、巡视等安全生产管理制度。…… 《交通运输部关于进一步加强交通运输安全生产体系建设的意见》(交安监发〔2022〕4号) (九)加强法规制度建设。……加强地方性安全生产法规制度建设。健全安全生产法规政策动态评估完善机制,及时制修订事故调查中发现存在漏洞或缺陷的法规制度	通过资料审查的方式,检查监管部门是否制定重点监管名单、责任追究、“一岗双责”隐患排查治理、奖惩激励、诚信管理、安全生产约谈、挂牌督办、监督检查、巡视等安全生产管理制度,各项制度是否得到严格执行,是否对制度实施情况开展动态评估并进行完善	

续上表

序号	监管职责	监管依据	检查内容	检查记录
4	保障安全管理工作经费	《交通运输部关于推进交通运输安全体系建设的意见》 20.保障安全生产费用和工作经费。……各级交通运输管理部门应将安全管理工作经费列入年度部门预算,主要用于安全生产考核评价、巡视和检查、事故原因调查、企业标准化建设、宣传教育培训等。实现每年安全生产经费预算到位,专款专用。……	通过资料审查的方式,检查监管部门是否将安全管理工作经费列入年度部门预算,专门用于安全生产工作;经费是否预算到位、专款专用;经费是否使用合理,用于安全生产考核评价、巡视和检查、事故原因调查、宣传教育培训等	

续上表

序号	监管职责	监管依据	检查内容	检查记录
		《交通运输部关于进一步加强交通运输安全生产体系建设的意见》 （二十）保障安全生产资金投入。推动地方交通运输管理部门加大安全基础设施建管养、监管执法车船与装备、应急设施装备和安全科技与信息化投入力度，为公共交通运输装备及枢纽场站更新改造提供资金支持。各级交通运输管理部门将安全生产管理工作经费列入部门预算，专门用于交通运输安全生产工作，确保预算到位、专款专用		

续上表

序号	监管职责	监 管 依 据	检 查 内 容	检查记录
5	组织开展安全生产监督检查	《中华人民共和国安全生产法》(主席令第88号) 第六十二条　县级以上地方各级人民政府应当根据本行政区域内的安全生产状况,组织有关部门按照职责分工,对本行政区域内容易发生重大生产安全事故的生产经营单位进行严格检查。 应急管理部门应当按照分类分级监督管理的要求,制定安全生产年度监督检查计划,并按照年度监督检查计划进行监督检查,发现事故隐患,应当及时处理。	1. 通过资料审查的方式,检查监管部门是否制定安全生产年度监督检查计划,检查计划是否包括时间安排、主要事项、检查频次、履职方式和任务分工等内容,检查对象是否包括本行政区域内容易发生重大生产安全事故的道路运输生产经营单位。 2. 通过资料审查和抽查的方式,检查监管部门是否按照年度监督检查计划进行监督检查。 3. 通过资料审查的方式,检查监管部门是否下发检查通报、隐患整改通知书等,督促生产经营单位及时治理事故隐患、落实安全生产主体责任	

续上表

序号	监管职责	监管依据	检查内容	检查记录
		《交通运输部关于进一步加强交通运输安全生产体系建设的意见》 （六）严格履行安全生产监管责任。……制定安全生产检查办法，编制检查手册，落实年度监督检查计划，采取随机抽查、明查暗访等方式，强化对部门安全监管履职情况和企业主体责任落实情况检查。……		

续上表

序号	监管职责	监管依据	检查内容	检查记录
6	推进风险隐患双重预防机制建设及落实	《公路水路行业安全生产风险管理暂行办法》(交安监发〔2017〕60号)① 第三十八条　属地负有安全生产监督管理职责的交通运输管理部门应将管辖范围内的生产经营单位安全生产风险管理工作纳入日常监督管理,将重大风险监督抽查纳入安全生产年度监督检查计划,明确抽查比例和方式,督促企业落实管控责任。 《公路水路行业安全生产隐患治理暂行办法》(交安监发〔2017〕60号)①	1. 通过资料审查的方式,检查监管部门是否健全安全生产风险研判机制、决策风险评估机制、风险防控协同机制、风险防控责任机制,是否将重大风险监督抽查纳入安全生产年度监督检查计划,是否对监督抽查发现重大风险辨识、管控、登记等工作落实不到位的生产经营单位予以监督整改,是否针对管辖范围内的重大风险建立档案。	

① 该文件自2018年1月1日起生效,有效期3年。2021年1月14日,交通运输部安全与质量监督管理司在交通运输部智能问答系统答复提问时表示,“经我部认真研究,两个文件继续有效,目前正在按照程序办理文件延长有效期相关事宜。”

续上表

序号	监管职责	监管依据	检查内容	检查记录
		第四十条　属地负有安全生产监督管理职责的交通运输管理部门应建立健全重大隐患治理督办制度，并将重大隐患整改情况纳入年度安全生产监督检查计划内容，明确督促检查责任部门、检查范围。 《交通运输部关于进一步加强交通运输安全生产体系建设的意见》 （十三）强化安全生产风险管控。健全安全生产风险研判机制、决策风险评估机制、风险防控协同机制、风险防控责任机制。全面辨识安全生产系统性、区域性、多发性和偶发性重大风险，加强风险动态监测预警，落实管控责任和措施。……	2. 通过资料审查的方式，检查监管部门是否建立健全重大隐患治理督办制度，并将重大隐患整改情况纳入年度安全生产监督检查计划内容，是否对发现存在重大隐患的生产经营单位实行挂牌督办	

续上表

序号	监管职责	监管依据	检查内容	检查记录
7	推进安全生产信用体系建设	《交通运输部关于进一步加强交通运输安全生产体系建设的意见》 （六）严格履行安全生产监管责任。……强化企业安全生产信用管理，建立基于信用等级的分级分类监管机制，依法实施失信惩戒和守信激励	1. 通过资料审查的方式，检查监管部门是否将管辖范围内的生产经营单位和从业人员安全生产信用填报工作纳入安全生产年度监督检查计划。 2. 通过资料审查的方式，检查监管部门是否建立基于信用等级的分级分类监管机制，对安全生产信用等级低的生产经营单位和从业人员，依法依规采取增加监督执法频次、约谈、公开曝光、取消经营资质（格）或限制性经营、依法实施市场禁入或限入、从重处罚等措施予以惩戒	

续上表

序号	监管职责	监管依据	检查内容	检查记录
8	对有关安全生产的法律、法规和安全生产知识的宣传	《中华人民共和国安全生产法》 第十三条　各级人民政府及其有关部门应当采取多种形式,加强对有关安全生产的法律、法规和安全生产知识的宣传,增强全社会的安全生产意识。 《交通运输部关于推进交通运输安全体系建设的意见》 17. 提高安全监督管理人员业务素质。……各级交通运输管理部门应完善安全生产教育培训机制,有计划、有步骤地对各类安全监督管理人员进行轮训,切实提高综合素质和业务能力。……	1. 通过资料审查的方式,检查监管部门是否组织学习贯彻习近平总书记关于安全生产重要论述,是否集中开展学习教育,是否开展经常性、系统性宣传。 2. 通过资料审查的方式,检查监管部门是否组织对重要的、新制修订的、涉及安全生产的法律、法规、政策、制度开展宣贯培训。 3. 通过资料审查的方式,检查监管部门是否组织开展安全生产月活动,宣传道路运输行业安全生产相关法律、法规、政策、制度,开展案例警示教育。	

续上表

序号	监管职责	监管依据	检查内容	检查记录
		《交通运输部关于进一步加强交通运输安全生产体系建设的意见》 （二十一）强化安全生产宣传教育。加强安全生产公益宣传、案例警示教育，强化相关法律法规、安全应急知识普及……	4. 通过资料审查的方式，检查监管部门是否对安全监督管理人员进行安全管理知识轮训。 5. 通过资料审查的方式，检查监管部门是否开展或者协助主管部门开展道路运输单位主要负责人、安全生产管理人员的安全生产知识和管理能力考核	

续上表

序号	监管职责	监管依据	检查内容	检查记录
9	建立安全生产举报制度	《中华人民共和国安全生产法》 第七十三条　负有安全生产监督管理职责的部门应当建立举报制度，公开举报电话、信箱或者电子邮件地址等网络举报平台，受理有关安全生产的举报；受理的举报事项经调查核实后，应当形成书面材料；需要落实整改措施的，报经有关负责人签字并督促落实。对不属于本部门职责，需要由其他有关部门进行调查处理的，转交其他有关部门处理。 涉及人员死亡的举报事项，应当由县级以上人民政府组织核查处理	1. 通过资料审查的方式，检查监管部门是否建立举报制度，公开举报电话、信箱或者电子邮件地址等网络举报平台。 2. 通过资料审查和抽查的方式，检查监管部门是否按照程序规定对举报的事项进行核实和处理；对属于本部门职责、举报属实的，是否督促处理到位；对不属于本部门职责的，是否及时转交有关部门处理	

续上表

序号	监管职责	监管依据	检查内容	检查记录
10	建立安全生产工作述职机制	《交通运输部关于推进交通运输安全体系建设的意见》 7. 落实安全生产“一岗双责”。……建立安全生产工作述职机制，各单位和各部门负责人应将安全生产工作履职情况作为年度述职的重要内容。……	通过资料审查的方式，检查监管部门负责人是否在年度述职中将安全生产工作履职情况作为一项内容	

续上表

序号	监管职责	监管依据	检查内容	检查记录
11	落实安全生产监督管理层级责任	《交通运输部关于推进交通运输安全体系建设的意见》 6. 明晰安全生产监督管理责任。……交通运输主管部门和管理机构的安全生产监督管理层级责任链条完善，监督管理责任有效落实。…… 《交通运输部关于进一步加强交通运输安全生产体系建设的意见》 （六）严格履行安全生产监管责任。……重点监管和公开曝光发生重特大安全生产事故（险情）、事故频发、重大风险管控和重大隐患整改不力、信用等级低的企业。……	1. 通过资料审查的方式，检查监管部门是否落实道路运输安全生产的法律、法规、规章、政策，以及国家、上级管理部门有关安全生产工作部署。 2. 通过资料审查的方式，检查监管部门是否成立安全生产委员会，安全生产委员会主任是否由主要领导担任，每季度是否至少召开一次安全生产委员会会议。 3. 通过资料审查的方式，检查监管部门是否对下级管理部门开展监督检查、业务指导、目标考核等。 4. 通过抽查企业安全生产主体责任的落实情况，检查监管部门是否有效落实监督管理责任	

续上表

序号	监管职责	监管依据	检查内容	检查记录
12	制定生产安全事故应急救援预案，组织应急救援预案演练	《生产安全事故应急条例》（国务院令第708号） 第五条　县级以上人民政府及其负有安全生产监督管理职责的部门和乡、镇人民政府以及街道办事处等地方人民政府派出机关，应当针对可能发生的生产安全事故的特点和危害，进行风险辨识和评估，制定相应的生产安全事故应急救援预案，并依法向社会公布。 第八条　县级以上地方人民政府以及县级以上人民政府负有安全生产监督管理职责的部门，乡、镇人民政府以及街道办事处等地方人民政府派出机关，应当至少每2年组织1次生产安全事故应急救援预案演练	1. 通过资料审查的方式，检查监管部门是否制定道路运输生产安全事故应急救援预案，预案是否具有针对性，考虑了可能发生的各类生产安全事故；预案编制过程中，是否进行了风险辨识和评估；预案是否定期评估和更新；预案是否依法向社会公布。 2. 通过资料审查的方式，检查监管部门是否定期组织应急救援预案演练，至少每2年组织1次生产安全事故应急救援预案演练。 3. 通过资料审查的方式，检查监管部门是否对应急预案演练进行了总结和评估，是否根据演练情况完善应急预案	

续上表

序号	监管职责	监 管 依 据	检 查 内 容	检查记录
13	安全生产事故报告和统计分析	《中华人民共和国安全生产法》 第八十四条　负有安全生产监督管理职责的部门接到事故报告后，应当立即按照国家有关规定上报事故情况。负有安全生产监督管理职责的部门和有关地方人民政府对事故情况不得隐瞒不报、谎报或者迟报。 《交通运输部关于推进交通运输安全体系建设的意见》 9.加强安全生产形势研判。……建立完善安全生产事故统计分析机制，编制分析报告。…… 《交通运输部关于进一步加强交通运输安全生产体系建设的意见》 （十二）加强安全生产形势研判。加强行业安全发展政策及热点问题研究，强化形势研判，发布分析报告。 ……	1.通过资料审查和抽查的方式，检查监管部门是否建立事故统计和报告制度，是否建立事故台账，发生事故是否及时报送事故快报，每月是否按期报送事故月报。 2.通过资料审查的方式，检查监管部门是否定期开展事故统计分析，编制季度、半年度、年度及重点时段的事故统计分析报告	

续上表

序号	监管职责	监管依据	检查内容	检查记录
14	典型事故和重大风险事件教训吸取	《交通运输部关于推进交通运输安全体系建设的意见》 8. 严格安全生产问责追责。……相关交通运输管理部门应对事故发生单位的整改措施落实情况加强监督检查。…… 《交通运输部关于进一步加强交通运输安全生产体系建设的意见》 （十五）加强事故调查和整改落实。……建立事故暴露问题整改督办制度，组织开展事故整改落实情况“回头看”，强化教训汲取。	1. 通过资料审查和抽查企业的方式，检查监管部门是否对事故发生单位的整改措施落实情况进行监督检查、督办指导。 2. 通过资料审查的方式，检查监管部门是否积极落实事故整改措施，完善相关制度标准；是否组织开展事故回头看活动	

续上表

序号	监管职责	监管依据	检查内容	检查记录
		《中共中央　国务院关于推进安全生产领域改革发展的意见》 （十九）完善事故调查处理机制。……建立事故暴露问题整改督办制度，事故结案后一年内，负责事故调查的地方政府和国务院有关部门要组织开展评估，及时向社会公开，对履职不力、整改措施不落实的，依法依规严肃追究有关单位和人员责任。……		

第二部分　行业管理机构对企业的安全生产监督检查

第一章　检查总体要求

一、检查名录库

交通运输主管部门及交通运输综合执法机构（以下统称监管部门）应当按照职责分工和权限范围承担相应的道路运输安全生产监督管理工作。

市级监管部门应当按照职责分工，建立健全与抽查事项相对应的检查对象名录库和执法检查人员名录库（统称“两库”）并进行动态管理。可以根据需要吸收检测机构、科研院所、行业协会和专家学者等参与，建立技术专家名录库，为检查工作提供技术支持。

1. 检查对象名录库

监管部门应当通过运政系统等途径，采集并编制辖区内检查对象名录库，按照经营规模和类别进行分类标注，明确重点监管对象名录库，并实现动态更新管理。

2. 检查人员名录库

监管部门应当建立检查人员名录库，按照业务专长进行分类标注并实现动态更新管理。进入名录库的检查人员应持有执法门类为道路运政的交通运输行政执法证，并按规定参加在岗培训。

3. 技术专家名录库

监管部门聘请第三方专业机构或者技术专家为安全生产监督检查工作提供技术支持的，应建立技术专家名录库，按照专家业务专长进行分类标注，并根据履职情况进行动态更新。

进入技术专家名录库的人员原则上应满足下列条件：

(1)熟悉道路运输安全生产法律、法规、规章、标准和规范等；

(2)具有大专及以上学历；

(3)具有道路运输相关专业高级技术职称或者从事道路运输安全管理相关工作10年以上；

(4)能够深入现场开展相关业务，具有较强的发现、分析和解决事故隐患的能力；

(5)无违法、重大违纪行为和不良信用记录；

(6)符合其他地方管理的要求。

二、检查分类

检查主要分为综合检查和专项检查。综合检查内容参见第三部分。专项检查内容可以从第三部分所列检查项目中挑选具体项目确定，也可以根据实际工作需求确定。

1. 综合检查

综合检查是指监管部门依据法定职权，按照既定的检查计划对检查对象遵守安全生产法律、法规、规章，执行安全生产行政命令等情况进行全面了解、调查和监督的行为。

2. 专项检查

专项检查是指监管部门依据法定职权，在检查计划之外，针对发生一般及以上安全生产事故的，有被上级部门督查或者转办交办、投诉举报、媒体曝光、其他部门抄告重大事故隐患或安全生产违法违规行为的，或者针对重点节假日、重大活动，对检查对象遵守安全生产法律、法规、规章，执行安全生产行政命令等情况进行专项了解、调查和监督的行为。

三、检查计划

监管部门应认真贯彻落实“安全第一、预防为主、综合治理”的方针，根据《中华人民共和国安全生产法》等有关法律法规和规章要求，结合管辖区域内安全生产工作实际，制订年度安全生产监督检查计划，并根据工作需求适时调整完善。

（一）基本要求

1. 检查计划制订要求

监管部门应当贯彻落实道路运输相关的国家、行业和地方法律、法规、规章、标准和规范性文件，结合辖区内企业安全生产基本情况、季节性因素、年度工作重点、安全生产监管职责权限、行政执法队伍组成、技术装备和经费保障等实际情况，制订年度安全生产监督检查计划，并按照规定进行公示。

监管部门可以根据上级监督管理部门要求或者重特大事故教训开展检查计划之外的监督检查。

2. 检查计划内容

年度安全生产监督检查计划应包括：检查人员、检查时间、检查对象、检查内容、检查要求等内容；专项检查按照“双随机（即随机抽取检查对象、随机选派执法检查人员）”抽查事项清单开展（含每个抽查事项的名称、抽查主体、抽查依据、抽查内容、抽查方式等内容）。

（二）分类分级管理

1. 基本要求

监管部门每年应当结合辖区内道路运输企业的经营规模、经营范围和主要经营类别，以及上一年度安全生产监督检查结果、事故发生情况以及其他相关部门抄告信息等，对辖区内道路运输企业进行分类分级管理。其中，对涉及重大事故隐患、发生一般及以上负有同等责任及以上安全生产亡人事故、违法违规及违章次数多联网联控等信息化系统违法违规报警次数多,以及信用等级为最低等级(或质量信誉考核等级为最低等级)的企业或者单位,应纳入重点监管企业名单,加大检查频次和要求。其他类型企业纳入常规监管企业名单。重点监管企业名单应当按照要求进行公示。

监管部门应当充分利用联网联控等信息化手段,加强对检查对象的动态监控,提高利用信息化手段开展企业分类分级监管效力。

2. 检查频次

(1)县级属地监管部门应当根据分类分级结果和其他安全生产监督管理安排确定综合检查次数,每年综合检查不少于1次。综合检查内容可分次完成。

(2)市州级监管部门对辖区内的重点监管企业,每年专项检查不少于1次。专项检查覆盖率和频次可结合实际工作需要确定。

(3)监管部门可会同其他承担安全生产监督管理职责的部门实行联合安全生产监督检查,联合安全生产监督检查可纳入被检查对象的检查频次统计。

(4)上级监管部门应当按照监管职责分工,定期对属地监管部门的安全生产监督检查活动进行督导,督导次数每年应不少于1次。其中,市级监管部门每年对区县级监管部门的督导应全覆盖,省级监管部门对市级监管部门的督导覆盖率不应小于50%。督导工作可以结合属地监管部门的安全生产监督检查结果开展,并视情对辖区内重点监管企业和常规监管企业分别安排不同频次和覆盖率的抽查,加大对重点监管企业的抽查比例。

四、检查工作要求

(一)检查方式

检查采用实地核查、书面检查和数据网络监测等方式,综合运用抽查、暗查、综合检查、专项检查、联合检查、设施设备监控等途径开展。

根据安全生产监督检查的方式、内容等,分别采用资料审查、查看与查证、座谈与询问等方法开展,内容如下。

(1)资料审查:通过查阅安全生产相关制度、实施记录、档案等资料,核查企业安全生产管理体系的完备性、有效性和落实程度。

(2)查看与查证:按照抽样方法,随机抽取车辆、装备、设施等,通过实地或者网络监测等方式,核查企业在车辆、装备、设施和安全生产管理方面的合规性和有效性。

(3)座谈与询问:通过现场交流和询问等方式,考查企业主要负责人、安全生产管理人员、关键岗位从业人员等相关人员对安全生产相关法规以及知识要求、安全操作技能以及突发事件应急处置的掌握程度。

各级监管部门可以单独实施安全生产监督检查,也可会同其他负有安全生产监督管理职责的部门实行联合检查,或者聘请专家参与检查,专家宜从技术专家名录库中抽选,或者在其法定权限内通过政府购买服务等方式委托具有能力的第三方服务机构实施检查,为履行安全生产监督管理工作提供专业技术支持,但不改变监管部门的监督管理责任。

(二)抽样方法

抽样方法按照“双随机(即随机抽取检查对象、随机选派执法检查人员)”抽查机制要求进行。对从业人员、装备设施、记录、档案等内容的具体抽样数量可以按照《计数抽样检验程序　第 1 部分：按接收质量限（AQL）检索的逐批检验抽样计划》（GB/T 2828.1—2012）的一次抽样方案一般检验水平Ⅰ进行简单随机抽样，总体数量与最低抽取样本数量见下表。

总体数量	样本数量	总体数量	样本数量
2 ~ 15	2	281 ~ 500	20
16 ~ 25	3	501 ~ 1200	32
26 ~ 90	5	1201 ~ 3200	50
91 ~ 150	8	3201 ~ 10000	80
151 ~ 280	13	10001 ~ 35000	125

凡涉及抽样检查的内容，安全生产监督检查人员对检查结果有疑问，或者认为检查事项风险较大时，可以扩大抽样比例，按照《计数抽样检验程序　第 1 部分：按接收质量限（AQL）检索的逐批检验抽样计划》（GB/T 2828.1—2012）的一次抽样方案一般检验水平Ⅱ进行简单随机抽样，总体数量与最低抽取样本数量见下表。

总体数量	样本数量	总体数量	样本数量
2 ~ 8	2	151 ~ 280	32
9 ~ 15	3	281 ~ 500	50
16 ~ 25	5	501 ~ 1200	80
26 ~ 50	8	1201 ~ 3200	125
51 ~ 90	13	3201 ~ 10000	200
91 ~ 150	20	10001 ~ 35000	315

（三）检查纪律

（1）安全生产监督检查人员、技术专家和第三方服务机构与被检查对象有利害关系的，应当回避。监督检查过程应当忠于职守,坚持原则,秉公执法,认真履行安全生产监督检查职责,正确行使安全生产监督检查权限。

(2)安全生产监督检查人员应当保守被检查对象的技术秘密和商业秘密,遵守被检查对象的有关规章制度,不得影响被检查对象的正常生产经营活动。

(四)检查记录

各级监管部门的检查工作记录内容应精细准确、简明扼要、结论明确。应当建立安全生产监督检查档案,并归档保存,保存期不少于3年。安全生产监督检查档案包括但不限于:

(1)安全生产年度监督检查计划;

(2)安全生产监督检查工作汇总表、记录表;

(3)安全生产监督检查相关证据(包括图片、视频、书证等);

(4)安全生产监督检查报告;

(5)事故隐患整改相关材料或行政处罚决定相关材料;

(6)受理举报情况记录(包括举报内容、调查核实情况、整改落实情况等)。

按照"谁检查、谁录入、谁公开"的原则,将抽查检查结果通过运政系统、相关监管系统以及国家企业信用信息公示系统和全国信用信息共享平台等进行公示,接受社会监督。

第二章　检 查 流 程

一、检查准备

(1)监管部门应当依据安全生产年度监督检查计划,制定检查工作方案,工作方案应包括检查对象、人员、时间、内容等。

(2)监管部门应当根据安全生产监督检查工作方案,成立检查组,并从检查人员名录库中抽调不少于2名检查人员,持有合法有效的检查执法证件。可以根据实际需要,聘请技术专家(宜从技术专家库中抽取)或者具有能力的第三方服务机构参与检查。

(3)检查组应当实行组长负责制,由1名检查人员担任组长,明确检查组职责分工,参照第三部分《道路旅客运输安全生产监督检查指导表》编制检查记录表。

(4)检查组应当提前熟悉被检查对象的相关信息。开展监督检查时,应当携带必要的文书和录音、录像或照相等取证设备。综合检查应提前3天告知被检查对象,专项检查可以根据实际需求,综合采用"四不两直""双随机一公开"等形式开展。

二、现场检查

(1)检查开始前,检查组组长应主动出示合法有效的交通运输行政执法证,介绍检查组人员构成,说明检查事由,向被检查对象通报检查内容。

(2)检查过程中应当有企业代表人员在场。

(3)检查人员按照安全生产监督检查计划实施检查,填写安全生产监督检查记录表和检查工作汇总表,如实记录检查的时间、地点、内容、发现的问题及其处理意见等,保存提取的证据。

(4)进行检查时,检查人员不得影响被检查对象的正常生产经营活动,对涉及被检查对象的技术秘密和商业秘密,应当履行保密职责。

(5)检查结束后,应当向被检查对象通报检查情况,并就检查过程中发现的问题和检查意见由检查人员和被检查对象的负责人签字确认。负责人拒绝签字的,检查人员应当将情况记录在案,并向实施监督检查的监管部门报告。

(6)对检查中发现的安全生产隐患,应当及时告知被检查对象,并督促被检查对象立即整改,对整改难度较大、需一定时间方能整改消除的安全生产隐患,应当下发安全生产隐患整改通知书限期整改。

(7)通过文字、影像(照相机、录音机、摄像机、执法记录仪、视频监控等记录设备)等记录形式,对监督检查过程进行记录,并归档保存。

(8)安全生产监督检查工作汇总表应一式3份,由监管部门和被检查对象存留,监管部门存留2份,被检查对象存留1份。

三、检查结果处理

(一)安全生产隐患处理

(1)实施监督检查的部门和负有安全生产监督管理职责的部门应当督促被检查对象在规定期限内完成安全生产隐患整改。

(2)实施监督检查的部门和负有安全生产监督管理职责的部门应当对被检查对象的整改措施、责任、预案的落实情况进行跟踪,督促被检查对象上报安全生产隐患整改情况报告,对已达到整改要求的隐患予以确认,对符合验收结论及验收程序的重大事故隐患予以销号。对未采取措施消除安全生产隐患的,责令立即消除或者限期消除;对拒不执行的被检查对象,依法作出行政处罚。

(二)违法违规行为处理

对检查中发现的安全生产违法行为应当按照现有的法律法规和《交通运输行政执法程序》规定的程序依法作出行政处罚,涉嫌治安管理和刑事犯罪的,应当及时移交治安管理和司法机关,对没有行政处罚权的事项应当及时移交有行政处罚权的相关部门。

第三部分　道路旅客运输安全生产监督检查指导表

一、道路旅客运输企业安全生产重点监督检查内容

序号	检查事项	检查内容	检查内容与要求	对应条款
1	人员	1. 企业主要负责人和安全生产管理人员安全考核情况	1. 企业主要负责人、分管安全生产负责人和专职安全生产管理人员全部有考核合格证明。 2. 考核合格证明在有效期内	二、道路旅客运输企业安全生产基础管理监督检查指导表(4)
		2. 驾驶人员聘用	1. 驾驶员聘用考核程序符合驾驶员管理制度的要求。 2. 企业录用驾驶员时审核了驾驶员从业资格条件、安全行车经历和职业健康检查结果，并对驾驶员技能进行测试，有审核记录	二、道路旅客运输企业安全生产基础管理监督检查指导表(12)
		3. 培训教育和考核	1. 企业每月对驾驶员安全教育培训不少于 1 次，每次不少于 2 学时，内容包括：法律法规、典型交通事故案例、技能训练、安全驾驶经验交流、突发事件应急处置训练等，有培训记录。	二、道路旅客运输企业安全生产基础管理监督检查指导表(6)

续上表

序号	检查事项	检查内容	检查内容与要求	对应条款
			2. 企业对动态监控人员定期进行安全教育培训，有培训记录。 3. 培训记录内容包括时间、地点、授课人、授课内容、照片或视频资料、考核情况及签到材料等。 4. 抽查驾驶员和动态监控人员掌握岗位安全生产相关知识和操作技能	
		4. 驾驶员退出	驾驶员存在下列情况之一的，客运企业不得聘用其驾驶客运车辆： （1）无有效的、适用的机动车驾驶证和从业资格证件，以及诚信考核不合格或被列入黑名单的； （2）36 个月内发生道路交通事故致人死亡且负同等以上责任的； （3）最近 3 个完整记分周期内有 1 个记分周期交通违法记满 12 分的；	二、道路旅客运输企业安全生产基础管理监督检查指导表（12）

续上表

序号	检查事项	检查内容	检查内容与要求	对应条款
			(4)36个月内有酒后驾驶、超员20%以上、超速50%(高速公路超速20%)以上或12个月内有3次以上超速违法记录的; (5)有吸食、注射毒品行为记录,或者长期服用依赖性精神药品成瘾尚未戒除的,以及发现其他职业禁忌的; (6)被行业管理机构列入黑名单的	
2	车辆	1. 车辆安全设施	抽查的客运车辆安全带、安全锤、灭火器、应急逃生装置、防滑链、三角木、警告牌、车载视频监控终端等齐全有效	二、道路旅客运输企业安全生产基础管理监督检查指导表(17)
		2. 车辆维护	1. 企业按照车辆技术管理制度的内容,制订了车辆一级维护和二级维护计划。 2. 企业按计划进行一级维护和二级维护,有维护记录	二、道路旅客运输企业安全生产基础管理监督检查指导表(16)

续上表

序号	检查事项	检查内容	检查内容与要求	对应条款
2	动态监控	1. 轨迹回放	1. 抽查部分车辆近期内的轨迹回放情况。 2. 动态监控人员能熟练完成轨迹回放操作。 3. 车辆未出现不按规定线路运行、超速行驶、疲劳驾驶等违法违规行为	二、道路旅客运输企业安全生产基础管理监督检查指导表(23)
		2. 违法违规报警信息处置	1. 抽查企业对近期动态监控平台中记录的各类违法违规报警信息,处置率达到90%以上。 2. 查阅企业动态监控统计分析报告,驾驶员总体违章率呈现下降趋势	二、道路旅客运输企业安全生产基础管理监督检查指导表(24)
		3. 联网联控考核管理	对企业联网联控考核分数在80分以上	
		4. 动态监控人员对岗位职责认知情况	1. 抽查动态监控人员熟悉自身岗位职责。 2. 抽查动态监控人员熟悉监控工作内容、流程及要求,能熟练完成实时监控、指令下发、轨迹回放、统计分析等操作	二、道路旅客运输企业安全生产基础管理监督检查指导表(6、23)

续上表

序号	检查事项	检查内容	检查内容与要求	对应条款
3	运输组织	1. 接驳运输	1. 企业制定了接驳运输安全生产管理制度和线路运行组织方案。 2. 抽查的车辆接驳运输台账记录的接驳时间、地点与实际情况一致	二、道路旅客运输企业安全生产基础管理监督检查指导表(32)
		2. 重点时段的运输安全保障	重点时段,企业采取了驾驶员加强培训、车辆加强维护等措施,保障运输安全	
4	应急处置	1. 应急预案	企业制定了应急救援预案,包括综合应急预案、专项应急预案,预案内容切合实际	二、道路旅客运输企业安全生产基础管理监督检查指导表(11)
		2. 应急演练	1. 企业制订了应急预案演练计划,按规定每年至少开展1次应急预案演练,有演练记录。 2. 抽查应急救援人员掌握应急预案和应急演练内容	

续上表

序号	检查事项	检查内容	检查内容与要求	对应条款
5	事故警示	1. 事故调查处理	企业按照“四不放过”的原则，对事故进行责任倒查，对相关责任人进行处理，对从业人员进行警示教育，有调查处理和警示教育记录	二、道路旅客运输企业安全生产基础管理监督检查指导表(10)
		2. 事故原因的深度分析	企业对交警通报的所有事故进行了深度分析，详细分析了事故责任、事故原因和相关预防措施	

续上表

序号	检查事项	检查内容	检查内容与要求	对应条款
6	双体系建设	1. 风险辨识、评估、管控	1. 企业有安全生产风险管理制度。 2. 企业辨识出存在的风险点，并对风险点进行评估分级，形成安全生产风险清单，包括重大危险源建立独立的档案。 3. 企业针对辨识出的各级风险点，提出了相应的管控措施，并落实到内设各部门。 4. 抽查从业人员知晓作业场所和工作岗位存在安全生产风险、防范措施	二、道路旅客运输企业安全生产基础管理监督检查指导表(8)
		2. 隐患排查治理	1. 企业有安全隐患排查治理制度、隐患排查年度工作方案。 2. 企业每月都开展隐患排查，有相应的记录。 3. 对于排查出的隐患，落实了整改措施、责任人和完成时限，及时消除安全隐患。 4. 每月对排查出的隐患进行统计分析，对多发、普发的安全隐患进行了深入分析，建立治理长效机制	二、道路旅客运输企业安全生产基础管理监督检查指导表(9)

续上表

序号	检查事项	检查内容	检查内容与要求	对应条款
7	安全专项经费	1. 按标准规范的提取和使用	1. 企业设立了安全生产专项资金独立台账，有财务凭证证明其本年度提取比例不低于上年度实际营业收入的1.5%。 2. 企业安全生产专项资金使用台账及财务凭证证明其设立安全生产专项资金独立台账、专款专用，经费支出范围符合要求	二、道路旅客运输企业安全生产基础管理监督检查指导表(7)
		2. 安全专项经费的使用额度	企业安全生产专项资金未出现大量结余的情况	

二、道路旅客运输企业安全生产基础管理监督检查指导表

序号	检查事项	检查内容	检 查 依 据
1	资质条件	1. 许可资质。 2. 企业经营范围	1.【行政法规】《中华人民共和国道路运输条例》 第八条　申请从事客运经营的,应当具备下列条件: (一)有与其经营业务相适应并经检测合格的车辆; (二)有符合本条例第九条规定条件的驾驶人员; (三)有健全的安全生产管理制度。 2.【部门规章】《道路旅客运输及客运站管理规定》 第十一条　申请从事道路客运经营的,应当具备下列条件: (一)有与其经营业务相适应并经检测合格的客车: 1. 客车技术要求应当符合《道路运输车辆技术管理规定》有关规定。 2. 客车类型等级要求: 从事一类、二类客运班线和包车客运的客车,其类型等级应当达到中级以上。 3. 客车数量要求: (1)经营一类客运班线的班车客运经营者应当自有营运客车100辆以上,其中高级客车30辆以上;或者自有高级营运客车40辆以上;

检查方法	检查标准	处罚依据及标准	检查记录
1. 资料审查：企业营业执照和道路运输经营许可证。 2. 资料审查：车辆台账、驾驶员名册、安全生产制度文本。 3. 资料审查：企业运输经营记录和合同等文件	1. 营业执照和道路运输经营许可证均在有效期内。 2. 企业的车辆数量、类型等级及技术状况、驾驶人资质、安全生产制度等满足行政许可条件。 3. 未出现超范围经营的行为	1.【行政法规】《中华人民共和国道路运输条例》 第六十三条　违反本条例的规定，有下列情形之一的，由县级以上地方人民政府交通运输主管部门责令停止经营，并处罚款；构成犯罪的，依法追究刑事责任： （二）未取得道路运输经营许可，擅自从事道路客运经营，违法所得超过 2 万元的，没收违法所得，处违法所得 2 倍以上 10 倍以下的罚款；没有违法所得或者违法所得不足 2 万元的，处 1 万元以上 10 万元以下的罚款。	

序号	检查事项	检查内容	检 查 依 据
			(2)经营二类客运班线的班车客运经营者应当自有营运客车 50 辆以上,其中中高级客车 15 辆以上;或者自有高级营运客车 20 辆以上; (3)经营三类客运班线的班车客运经营者应当自有营运客车 10 辆以上; (4)经营四类客运班线的班车客运经营者应当自有营运客车 1 辆以上; (5)经营省际包车客运的经营者,应当自有中高级营运客车 20 辆以上; (6)经营省内包车客运的经营者,应当自有营运客车 10 辆以上。 (二)从事客运经营的驾驶员,应当符合《道路运输从业人员管理规定》有关规定。 (三)有健全的安全生产管理制度,包括安全生产操作规程、安全生产责任制、安全生产监督检查、驾驶员和车辆安全生产管理的制度。 申请从事道路客运班线经营,还应当有明确的线路和站点方案。 第三十四条　客运经营者应当按照道路运输管理机构决定的许可事项从事客运经营活动,不得转让、出租道路运输经营许可证件

续上表

检查方法	检查标准	处罚依据及标准	检查记录
		2.【部门规章】《道路旅客运输及客运站管理规定》 第九十三条　违反本规定，有下列行为之一的，由交通运输主管部门责令停止经营；违法所得超过2万元的，没收违法所得，处违法所得2倍以上10倍以下的罚款；没有违法所得或者违法所得不足2万元的，处1万元以上10万元以下的罚款；构成犯罪的，依法追究刑事责任： （一）未取得道路客运经营许可，擅自从事道路客运经营的； （二）未取得道路客运班线经营许可，擅自从事班车客运经营的； （三）使用失效、伪造、变造、被注销等无效的道路客运许可证件从事道路客运经营的； （四）超越许可事项，从事道路客运经营的	

序号	检查事项	检查内容	检 查 依 据
2	安全生产责任制	1. 安全生产责任制建立情况。 2. 安全生产责任制考核情况	1.【法律】《中华人民共和国安全生产法》 第二十二条　生产经营单位的全员安全生产责任制应当明确各岗位的责任人员、责任范围和考核标准等内容。 生产经营单位应当建立相应的机制,加强对全员安全生产责任制落实情况的监督考核,保证全员安全生产责任制的落实。 2.【规范性文件】《道路旅客运输企业安全管理规范》 第十四条　客运企业应当依法建立健全全员安全生产责任制,将本企业的安全生产责任分解到各部门、各岗位,明确责任人员、责任内容和考核标准。安全生产责任制内容应当包括: (一)主要负责人的安全生产责任、目标及考核标准; (二)分管安全生产和运输经营的负责人的安全生产责任、目标及考核标准; (三)管理科室、分支机构及其负责人的安全生产责任、目标及考核标准; (四)车队和车队队长的安全生产责任、目标及考核标准; (五)岗位从业人员的安全生产责任、目标及考核标准。 第十五条　客运企业应当与各分支机构层层签订安全生产目标责任书,制定明确的考核指标,定期考核并公布考核结果及奖惩情况

续上表

检查方法	检查标准	处罚依据及标准	检查记录
1. 资料审查：企业制定的安全生产责任制制度文件。 2. 资料审查：企业与分支机构层层签订的安全生产目标责任书。 3. 询问：根据企业人员花名册，随机抽取部分关键岗位人员进行座谈与询问	1. 企业制定了安全生产责任制制度文件，各岗位人员安全生产责任、目标及考核标准明确、合理。 2. 企业与各分支机构层层签订了安全生产责任书，安全生产责任书中考核指标明确、合理。 3. 企业按制度对各分支机构、各岗位人员落实安全生产责任制情况进行考核，有考核奖惩记录。 4. 抽取的关键岗位人员掌握自身安全生产责任、目标		

序号	检查事项	检查内容	检 查 依 据
3	安全生产管理制度	1. 企业安全生产管理制度制定情况。 2. 企业安全生产操作规程制定情况。 3. 相关人员对安全生产管理制度和安全生产操作规程内容的掌握情况	1.【法律】《中华人民共和国安全生产法》 第四条　生产经营单位必须遵守本法和其他有关安全生产的法律、法规，加强安全生产管理，建立健全安全生产责任制和安全生产规章制度，改善安全生产条件，加强安全生产标准化、信息化建设，构建安全风险分级管控和隐患排查治理双重预防机制，健全风险防范化解机制，提高安全生产水平，确保安全生产。 2.【行政法规】《中华人民共和国道路运输条例》 第八条　申请从事客运经营的，应当具备下列条件： (三)有健全的安全生产管理制度。 3.【部门规章】《道路旅客运输及客运站管理规定》 第十三条　(三)有健全的安全生产管理制度，包括安全生产操作规程、安全生产责任制、安全生产监督检查、驾驶员和车辆安全生产管理的制度。

续上表

检查方法	检查标准	处罚依据及标准	检查记录
1. 资料审查:企业安全生产管理制度的制定情况。 2. 资料审查:企业安全生产操作规程的制定情况。 3. 询问:根据企业花名册随机抽查部分关键岗位从业人员进行座谈与询问	1. 企业安全生产管理制度文件齐全。 2. 企业安全生产操作规程文件齐全。 3. 抽查的从业人员掌握相关安全生产管理制度和安全生产操作规程的内容		

序号	检查事项	检查内容	检 查 依 据
			4.【规范性文件】《道路旅客运输企业安全管理规范》(交运规〔2023〕4号)中关于建立安全生产管理制度和安全生产操作规程的要求包括: (1)应建立的安全生产管理制度:a)安全生产责任制、目标考核及奖惩制度;b)安全生产会议制度;c)客运驾驶员管理制度;d)客运车辆技术管理制度;e)客运车辆动态监督管理制度;f)安全生产教育培训和宣传制度;g)隐患排查、治理及风险管控制度;h)安全生产事故报告、应急处置及责任倒查制度;i)应急预案制度;j)安全生产基础档案制度;k)安全生产专项资金提取和使用管理制度等安全生产管理制度。 (2)应制定的安全生产操作规程:a)客运驾驶员行车操作规程;b)客运车辆日常检查和日常维护操作规程;c)客运车辆动态监控操作规程;d)乘务员安全操作规程、定制客运(如有)操作规程等操作规程

续上表

检查方法	检查标准	处罚依据及标准	检查记录

序号	检查事项	检查内容	检 查 依 据
4	安全生产管理机构及安全生产管理人员	1. 企业安全生产管理机构设置情况。 2. 企业专职安全生产管理人员配备情况。 3. 主要负责人和专职安全生产管理人员参加考核的情况。 4. 主要负责人和专职安全生产管理人员对自身安全生产职责的掌握情况	1.【法律】《中华人民共和国安全生产法》 第二十四条　运输单位应当设置安全生产管理机构或者配备专职安全生产管理人员。 第二十七条　生产经营单位的主要负责人和安全生产管理人员必须具备与本单位所从事的生产经营活动相应的安全生产知识和管理能力。 运输单位的主要负责人和安全生产管理人员,应当由主管的负有安全生产监督管理职责的部门对其安全生产知识和管理能力考核合格。考核不得收费。 2.【规范性文件】《道路旅客运输企业安全管理规范》 第六条　客运企业及分支机构应当依法设置安全生产管理机构或者配备专职安全生产管理人员。设置安全生产管理机构的,安全生产管理机构应当包括企业主要负责人(包括法定代表人和实际控制人、实际负责人),运输经营、安全管理、车辆技术管理、从业人员管理、动态监控等业务负责人及分支机构的主要负责人。

续上表

检查方法	检查标准	处罚依据及标准	检查记录
1. 资料审查:企业安全生产领导机构设置文件及构成人员名单。 2. 资料审查:企业安全生产管理机构设置文件及构成人员名单。 3. 资料审查:企业主要负责人和安全生产管理人员考核证明材料。 4. 询问:根据花名册随机抽查企业主要负责人和部分安全生产管理人员进行座谈和询问	1. 企业专门的文件明确设置安全生产领导机构,主要负责人是安全生产领导机构负责人,其他成员包括运输经营、安全管理、车辆技术管理、从业人员管理、动态监控等业务负责人及分支机构的主要负责人。 2. 企业安全生产管理机构设置和专职安全生产管理人员配备符合要求。	【法律】《中华人民共和国安全生产法》 第九十四条　生产经营单位的主要负责人未履行本法规定的安全生产管理职责的,责令限期改正,处二万元以上五万元以下的罚款;逾期未改正的,处五万元以上十万元以下的罚款,责令生产经营单位停产停业整顿。 生产经营单位的主要负责人有前款违法行为,导致发生生产安全事故的,给予撤职处分;构成犯罪的,依照刑法有关规定追究刑事责任。 生产经营单位的主要负责人依照前款规定受刑事处罚或者撤职处分的,自刑罚执行完毕或者受处分之日起,五年内不得担任任何生产经营单位的主要负责人;对重大、特别重大生产安全事故负有责任的,终身不得担任本行业生产经营单位的主要负责人。	

序号	检查事项	检查内容	检 查 依 据
			第七条　拥有 20 辆(含)以上客运车辆的客运企业应当设置安全生产管理机构,配备专职安全管理人员,并提供必要的工作条件。拥有 20 辆以下客运车辆的客运企业应当配备专职安全管理人员,并提供必要的工作条件。 专职安全管理人员配备数量原则上按照以下标准确定:对于 300 辆(含)以下客运车辆的,按照每 50 辆车 1 人的标准配备,最低不少于 1 人;对于 300 辆以上客运车辆的,按照每增加 100 辆增加 1 人的标准配备。 第八条　客运企业主要负责人和安全管理人员应当具备与本企业所从事的道路旅客运输生产经营活动相适应的安全生产知识和管理能力,并按规定经交通运输管理部门对其安全生产知识和管理能力考核合格,或者取得注册安全工程师(道路运输安全)执业资格并经属地地市级以上交通运输管理部门报备,并做好相关信息上传工作。客运企业主要负责人和安全生产管理人员应当在从事道路旅客运输安全生产相关工作 6 个月内完成安全考核工作。 第十七条　客运企业的主要负责人对本单位安全生产工作负有下列职责:

续上表

检查方法	检查标准	处罚依据及标准	检查记录
	3. 企业主要负责人和安全生产管理人员都经安全生产知识和管理能力考核合格。 4. 抽查的主要负责人和安全生产管理人员掌握其自身安全生产职责	第九十六条　生产经营单位的其他负责人和安全生产管理人员未履行本法规定的安全生产管理职责的,责令限期改正,处一万元以上三万元以下的罚款;导致发生生产安全事故的,暂停或者吊销其与安全生产有关的资格,并处上一年年收入百分之二十以上百分之五十以下的罚款;构成犯罪的,依照刑法有关规定追究刑事责任。 第九十七条　生产经营单位有下列行为之一的,责令限期改正,可以处十万元以下的罚款;逾期未改正的,责令停产停业整顿,并处十万元以上二十万元以下的罚款,对其直接负责的主管人员和其他直接责任人员处二万元以上五万元以下的罚款: (一)未按照规定设置安全生产管理机构或者配备安全生产管理人员的; (二)运输单位的主要负责人和安全生产管理人员未按照规定经考核合格的	

序号	检查事项	检查内容	检 查 依 据
			(一)严格执行安全生产法律、法规、规章、规范和标准,组织落实相关管理部门的工作部署和要求; (二)建立健全并落实本单位全员安全生产责任制,加强安全生产标准化建设; (三)组织制定并实施本单位安全生产规章制度、客运驾驶员和车辆安全生产管理办法以及安全生产操作规程; (四)组织制定并实施本单位的安全生产教育和培训计划; (五)保证本单位安全生产投入的有效实施; (六)组织建立并落实安全风险分级管控和隐患排查治理双重预防工作机制,督促、检查本单位安全生产工作,及时消除生产安全事故隐患; (七)组织制定并实施本单位生产安全事故应急救援预案,开展应急救援演练; (八)定期组织分析本单位的安全生产形势,研究解决重大安全生产问题; (九)按相关规定及时、如实报告道路客运生产安全事故,落实生产安全事故处理的有关工作; (十)实行安全生产绩效管理,定期公布本单位安全生产情况,认真听取和积极采纳工会、职工关于安全生产的合理化建议和要求。

续上表

检查方法	检查标准	处罚依据及标准	检查记录

序号	检查事项	检查内容	检查依据
			第十八条　客运企业的安全生产管理机构及安全管理人员对本单位安全生产工作负有下列职责： （一）严格执行安全生产法律、法规、规章、规范和标准，参与企业安全生产决策，提出改进和加强安全生产管理的建议； （二）组织或者参与制定本单位安全生产规章制度、客运驾驶员和车辆安全生产管理制度、动态监控管理制度、操作规程和生产安全事故应急救援预案，明确各部门、各岗位的安全生产职责，督促贯彻执行； （三）组织或参与本单位安全生产宣传、教育和培训，加强事故案例警示教育，总结和推广安全生产工作的先进经验，如实记录安全生产教育和培训情况； （四）组织开展危险源辨识和评估，督促落实本单位重大危险源的安全管理措施；督促落实本单位安全风险管控和隐患排查管理措施，组织或者参与本单位应急救援演练，督促落实本单位安全生产整改措施； （五）组织或参与制定本单位安全生产年度管理绩效目标和安全生产管理工作计划，组织实施考核工作；

续上表

检查方法	检查标准	处罚依据及标准	检查记录

序号	检查事项	检查内容	检 查 依 据
			（六）组织或参与制定本单位安全生产经费投入计划和安全技术措施计划，组织实施或监督相关部门实施； （七）组织开展本单位的安全生产检查，对检查出的安全隐患及其他安全问题应当及时督促处理；情况严重的，应当依法停止生产活动。对相关管理部门抄告、通报的车辆和客运驾驶员交通违法行为，应当进行及时处理。制止和纠正违章指挥、冒险作业、违反操作规程的行为； （八）发生生产安全事故时，按照有关规定，及时报告相关管理部门；组织或者参与本单位生产安全事故的调查处理，承担生产安全事故统计和分析工作； （九）其他安全生产管理工作

续上表

检查方法	检查标准	处罚依据及标准	检查记录

序号	检查事项	检查内容	检查依据
5	安全生产会议	1. 企业安全生产工作会议的召开情况。 2. 企业安全生产例会的召开情况	【规范性文件】《道路旅客运输企业安全管理规范》 第十条　客运企业应当定期召开安全生产工作会议和安全例会。 安全生产工作会议至少每季度召开1次,研究解决安全生产中的重大问题,安排部署阶段性安全生产工作。安全例会至少每月召开1次,通报和布置落实各项安全生产工作。拥有20辆(含)以下客运车辆的客运企业,安全生产工作会议可与安全例会一并召开。 客运企业发生造成人员死亡、3人(含)以上重伤、恶劣社会影响的生产安全事故后,应当及时召开安全生产工作会议或安全例会进行分析和通报。 安全生产工作会议和安全例会应当有会议记录,会议记录应建档保存,保存期不少于36个月

续上表

检查方法	检查标准	处罚依据及标准	检查记录
1. 资料审查：企业安全生产工作会议记录。 2. 资料审查：企业安全生产例会记录	1. 会议次数：安全生产领导机构每季度召开1次安全生产工作会议，有会议记录。 2. 会议次数：安全生产例会每月召开1次，有会议记录。 3. 会议次数：企业发生造成人员死亡、3人（含）以上重伤、恶劣社会影响的生产安全事故后，及时召开安全生产工作会议或安全例会进行分析和通报，有记录。 4. 会议内容：会议记录包括会议时间、地点、主题、参会人员签到、会议内容材料等		

序号	检查事项	检查内容	检 查 依 据
6	安全生产教育培训	1. 企业主要负责人和安全生产管理人员初次培训和每年再培训情况。 2. 企业从业人员的岗前培训及考核情况。 3. 企业对驾驶员的统一培训情况	1.【法律】《中华人民共和国安全生产法》 第二十八条　生产经营单位应当对从业人员进行安全生产教育和培训，保证从业人员具备必要的安全生产知识，熟悉有关的安全生产规章制度和安全操作规程，掌握本岗位的安全操作技能，了解事故应急处理措施，知悉自身在安全生产方面的权利和义务。未经安全生产教育和培训合格的从业人员，不得上岗作业。 生产经营单位使用被派遣劳动者的，应当将被派遣劳动者纳入本单位从业人员统一管理，对被派遣劳动者进行岗位安全操作规程和安全操作技能的教育和培训。劳务派遣单位应当对被派遣劳动者进行必要的安全生产教育和培训。 生产经营单位接收中等职业学校、高等学校学生实习的，应当对实习学生进行相应的安全生产教育和培训，提供必要的劳动防护用品。学校应当协助生产经营单位对实习学生进行安全生产教育和培训。 生产经营单位应当建立安全生产教育和培训档案，如实记录安全生产教育和培训的时间、内容、参加人员以及考核结果等情况。

续上表

检查方法	检查标准	处罚依据及标准	检查记录
1. 资料审查:企业主要负责人和安全生产管理人员初次培训和每年再培训的档案,核查培训学时是否符合要求。 2. 资料审查:企业对从业人员的岗前培训及考核记录,核查培训学时是否符合要求,上岗前是否培训并考核合格。 3. 资料审查:企业对驾驶员的统一培训记录和继续教育记录,核查驾驶员每月参加教育培训时间是否符合要求,是否按期参加继续教育。	1. 企业主要负责人和安全生产管理人员初次初次培训不少于 24 学时,每年再培训不少于 12 学时。 2. 驾驶员参加岗前培训和考核,培训时间不少于 24 学时,并进行实际跟车实习,有考核合格记录。 3. 驾驶员每月接受安全教育培训不少于 2 学时,安全教育培训内容包括:法律法规、典型交通事故案例、技能训练、安全驾驶经验交流、突发事件应急处置训练等。	【法律】《中华人民共和国安全生产法》 第九十七条　生产经营单位有下列行为之一的,责令限期改正,可以处十万元以下的罚款;逾期未改正的,责令停产停业整顿,并处十万元以上二十万元以下的罚款,对其直接负责的主管人员和其他直接责任人员处二万元以上五万元以下的罚款: (三)未按照规定对从业人员、被派遣劳动者、实习学生进行安全生产教育和培训,或者未按照规定如实告知有关的安全生产事项的; (四)未如实记录安全生产教育和培训情况的	

序号	检查事项	检查内容	检 查 依 据
			2.【行政法规】《中华人民共和国道路运输条例》 第二十八条　客运经营者应当加强对从业人员的安全教育、职业道德教育，确保道路运输安全。 3.【部门规章】《道路旅客运输及客运站管理规定》 第四十七条　客运经营者应当加强车辆技术管理，建立客运车辆技术状况检查制度，加强对从业人员的安全、职业道德教育和业务知识、操作规程培训，并采取有效措施，防止驾驶员连续驾驶时间超过4个小时。 4.【规范性文件】《道路旅客运输企业安全管理规范》 第九条　客运企业应当对从业人员进行安全生产教育培训，未经安全生产教育培训合格的从业人员，不得上岗作业。 客运企业使用实习学生的，应当将实习学生纳入本企业从业人员统一进行安全生产教育培训。企业采用新工艺、新技术、新材料或者使用新设备，应当对从业人员进行专门的安全生产教育培训。 客运企业主要负责人和安全管理人员初次安全生产教育培训时间不得少于24学时，每年再培训时间不少于12学时。

续上表

检查方法	检查标准	处罚依据及标准	检查记录
4. 资料审查：检查企业有实习学生的，根据实习学生名册及培训记录，检查是否对实习学生开展安全生产教育培训。 5. 资料审查：企业有采用新工艺、新技术、新材料或者使用新设备的，检查是否对相关从业人员开展安全生产教育培训。 6. 资料审查：检查企业是否对交通违法行为多发及发生交通事故的驾驶员进行针对性的教育培训。	4. 动态监控人员上岗前参加岗前培训，并有考核合格记录。 5. 企业有实习学生的，有对实习学生开展安全生产教育培训的记录。 6. 企业有采用新工艺、新技术、新材料或者使用新设备的，有对相关人员开展安全生产教育培训的记录。 7. 对交通违法行为多发及发生交通事故的驾驶员，有对其开展针对性培训的记录。		

序号	检查事项	检查内容	检 查 依 据
			第二十一条　客运企业应当建立客运驾驶员岗前培训制度,培训合格方可上岗。 岗前培训的主要内容包括:道路交通安全和安全生产相关法律法规、安全行车知识和技能、交通事故案例警示教育、职业道德、安全告知知识、交通事故法律责任规定、防御性驾驶技术、伤员急救常识等安全与应急处置知识、企业有关安全运营管理的规定等。 客运驾驶员岗前培训不少于24学时,并应在此基础上实际跟车实习,提前熟悉客运车辆性能和客运线路情况。 第二十二条　客运企业应当建立客运驾驶员安全教育培训及考核制度。 客运企业对客运驾驶员进行统一培训,安全教育培训应当每月不少于2学时,安全教育培训内容应当包括:法律法规、典型交通事故案例、技能训练、安全驾驶经验交流、突发事件应急处置训练等。

续上表

检查方法	检查标准	处罚依据及标准	检查记录
7. 询问：抽查部分驾驶员是否掌握安全驾驶知识	8. 抽查的驾驶员，掌握岗位职责、安全生产相关法律法规、车辆安全检查、行车安全操作、典型交通事故案例、突发事件应急处置等内容		

序号	检查事项	检查内容	检查依据
			客运企业应当组织和督促本企业诚信考核等级为不合格的客运驾驶员参加继续教育,保证客运驾驶员参加继续教育培训的时间,提供必要的学习条件。客运企业可依托互联网技术积极创新、改进安全培训教育手段,丰富培训方式,及时全面开展驾驶员安全培训教育。 客运企业应在客运驾驶员接受安全教育培训后,对客运驾驶员教育培训的效果进行统一考核。客运驾驶员安全教育培训考核的有关资料应纳入客运驾驶员教育培训档案。客运驾驶员教育培训档案的内容应包括:培训内容、培训时间、培训地点、授课人、参加培训人员签名、考核人员和安全生产管理人员签名、培训考核情况等。档案保存期限不少于36个月。 客运企业应当每月分析客运驾驶员的道路交通违法信息和事故信息,及时进行针对性的教育和处理。 第五十一条　监控人员应当掌握国家相关法规和政策,熟悉动态监控系统的使用和动态监控数据的统计分析,经企业或者委托具备培训能力的机构培训、考试合格后上岗

续上表

检查方法	检查标准	处罚依据及标准	检查记录

序号	检查事项	检查内容	检 查 依 据
7	安全生产专项资金	1. 企业安全生产专项资金的提取情况。 2. 企业安全生产专项资金的使用情况	1.【法律】《中华人民共和国安全生产法》 第二十三条　生产经营单位应当具备的安全生产条件所必需的资金投入，由生产经营单位的决策机构、主要负责人或者个人经营的投资人予以保证，并对由于安全生产所必需的资金投入不足导致的后果承担责任。 有关生产经营单位应当按照规定提取和使用安全生产费用，专门用于改善安全生产条件。安全生产费用在成本中据实列支。 安全生产费用提取、使用和监督管理的具体办法由国务院财政部门会同国务院应急管理部门征求国务院有关部门意见后制定。 2.【规范性文件】《道路旅客运输企业安全管理规范》 第十一条　客运企业应当保障安全生产投入，依据有关规定，按照上一年度营业收入 1.5% 的比例确定企业本年度安全生产费用应计提金额，并逐月平均提取，专项核算。安全生产费用主要用于： (一)完善、改造、维护安全运营设施设备支出(不含“三同时”要求初期投入的安全设施)，包括运输设施设备安全状况检测及维护、运输设施设备附属安全设备等支出；

续上表

检查方法	检查标准	处罚依据及标准	检查记录
1. 资料审查：企业安全生产专项资金提取台账和相关财务凭证，核查其提取比例是否符合要求。 2. 资料审查：企业安全生产专项资金使用台账和相关经费支持财务凭证，核查其支出范围是否符合要求	1. 企业设立了安全生产专项资金独立台账，有财务凭证证明其本年度提取比例不低于上年度实际营业收入的1.5%。 2. 企业安全生产专项资金使用台账及财务凭证证明其设立安全生产专项资金独立台账、专款专用，经费支出范围符合要求	【法律】《中华人民共和国安全生产法》 第九十三条　生产经营单位的决策机构、主要负责人或者个人经营的投资人不依照本法规定保证安全生产所必需的资金投入，致使生产经营单位不具备安全生产条件的，责令限期改正，提供必需的资金；逾期未改正的，责令生产经营单位停产停业整顿。 有前款违法行为，导致发生生产安全事故的，对生产经营单位的主要负责人给予撤职处分，对个人经营的投资人处二万元以上二十万元以下的罚款；构成犯罪的，依照刑法有关规定追究刑事责任	

序号	检查事项	检查内容	检 查 依 据
			（二）道路运输车辆动态监控平台、视频监控系统的建设、运行、维护和升级改造，以及具有行驶记录功能的卫星定位装置、视频监控装置的购置、安装和使用等支出； （三）配备、维护、保养应急救援器材、设备支出和应急救援队伍建设、应急预案制修订与应急演练支出； （四）开展安全风险分级管控和事故隐患排查整改支出，安全生产信息化、智能化建设、运维和网络安全支出； （五）安全生产检查、评估评价（不含新建、改建、扩建项目安全评价）、咨询和安全生产标准化建设支出； （六）配备和更新现场作业人员安全防护用品支出； （七）安全生产宣传、教育、培训和从业人员发现并报告事故隐患的奖励支出； （八）安全生产适用的新技术、新标准、新工艺、新装备的推广应用支出； （九）安全设施及特种设备检验检测、检定校准支出； （十）承运人责任险及安全生产责任保险支出； （十一）与安全生产直接相关的其他支出

续上表

检查方法	检查标准	处罚依据及标准	检查记录

序号	检查事项	检查内容	检 查 依 据
8	安全生产风险管控	1. 企业开展安全生产风险辨识、评估情况。 2. 企业开展安全生产风险管控情况	1.【法律】《中华人民共和国安全生产法》 第四十一条　生产经营单位应当建立安全风险分级管控制度，按照安全风险分级采取相应的管控措施。 2.【规范性文件】《道路旅客运输企业安全管理规范》 第七十八条　客运企业应当按照相关法律法规的要求建立安全生产风险分级管控制度，每年开展1次全面辨识评估，并根据需要开展专项辨识评估，按安全风险等级采取相应的管控措施。 客运企业主要负责人应当组织制定重大风险管控措施，健全人防、物防、技防手段；应当配合交通运输主管部门按照规定做好800公里以上客运班线安全风险评估。

续上表

检查方法	检查标准	处罚依据及标准	检查记录
1. 资料审查：企业安全生产风险管理制度。 2. 资料审查：企业安全生产风险清单以及风险分级、管控措施的文件，重大危险源的辨识、防护措施和备案记录。 3. 询问：抽查部分相关从业人员是否知晓作业场所和工作岗位存在安全生产风险、防范措施	1. 企业有安全生产风险管理制度。 2. 企业辨识出存在的风险点，并对风险点进行评估分级，形成安全生产风险清单，包括重大危险源建立独立的档案。 3. 企业针对辨识出的各级风险点，提出了相应的管控措施，并落实到内设各部门。 4. 从业人员知晓作业场所和工作岗位存在安全生产风险、防范措施。 5. 800 公里以上客运班线按规定开展了安全风险评估		

序号	检查事项	检查内容	检查依据
9	安全隐患排查与治理	1. 企业安全隐患排查情况。 2. 企业安全隐患治理情况	1.【法律】《中华人民共和国安全生产法》 第四十条　生产经营单位对重大危险源应当登记建档，进行定期检测、评估、监控，并制定应急预案，告知从业人员和相关人员在紧急情况下应当采取的应急措施。 生产经营单位应当按照国家有关规定将本单位重大危险源及有关安全措施、应急措施报有关地方人民政府应急管理部门和有关部门备案。有关地方人民政府应急管理部门和有关部门应当通过相关信息系统实现信息共享。 第四十一条　生产经营单位应当建立健全并落实生产安全事故隐患排查治理制度，采取技术、管理措施，及时发现并消除事故隐患。事故隐患排查治理情况应当如实记录，并通过职工大会或者职工代表大会、信息公示栏等方式向从业人员通报。其中，重大事故隐患排查治理情况应当及时向负有安全生产监督管理职责的部门和职工大会或者职工代表大会报告。

续上表

检查方法	检查标准	处罚依据及标准	检查记录
1. 资料审查:企业安全隐患排查治理制度、隐患排查年度工作方案。 2. 资料审查:抽查企业近1年内任意2个月的隐患排查记录,核查是否符合每月开展1次隐患排查的要求。 3. 资料审查:核查企业是否每月对排查出的隐患进行统计分析	1. 企业有安全隐患排查治理制度、隐患排查年度工作方案。 2. 企业每月都开展隐患排查,有相应的记录。 3. 对于排查出的隐患,落实了整改措施、责任人和完成时限,及时消除安全隐患。 4. 每月对排查出的隐患进行统计分析,对多发、普发的安全隐患进行了深入分析,建立治理长效机制	【法律】《中华人民共和国安全生产法》 第九十七条　生产经营单位有下列行为之一的,责令限期改正,可以处十万元以下的罚款;逾期未改正的,责令停产停业整顿,并处十万元以上二十万元以下的罚款,对其直接负责的主管人员和其他直接责任人员处二万元以上五万元以下的罚款: (五)未将事故隐患排查治理情况如实记录或者未向从业人员通报的。 第一百零二条　生产经营单位未采取措施消除事故隐患的,责令立即消除或者限期消除,处五万元以下的罚款;生产经营单位拒不执行的,责令停产停业整顿,对其直接负责的主管人员和其他直接责任人员处五万元以上十万元以下的罚款;构成犯罪的,依照刑法有关规定追究刑事责任	

序号	检查事项	检查内容	检 查 依 据
			2.【规范性文件】《道路旅客运输企业安全管理规范》 第七十四条　客运企业应当根据安全生产需要和特点,采用综合检查、专业检查、季节性检查、节假日检查、日常检查等方式,每月至少开展1次安全生产隐患排查工作,及时发现和消除安全隐患,加强安全隐患的闭环管理和动态管理。 第七十五条　客运企业应当对排查出的安全隐患进行登记和治理,落实整改措施、责任人和完成时限,及时消除安全隐患。 对于能够立即整改的安全隐患,客运企业立即组织整改;对于不能立即整改的安全隐患,客运企业应当组织制定安全隐患治理方案,依据方案及时进行整改,并在治理过程中采取有效的安全防范措施,无法保障安全的应当按规定及时采取车辆停运等措施;对于自身不能解决的安全隐患,客运企业应当立即向有关部门报告,依据有关规定进行整改。

续上表

检查方法	检查标准	处罚依据及标准	检查记录

序号	检查事项	检查内容	检 查 依 据
			第七十六条　客运企业应当建立安全隐患排查治理档案,档案应当包括:隐患排查治理日期,隐患排查的具体部位或场所,发现安全隐患的数量、类别和具体情况,安全隐患治理意见,参加隐患排查治理的人员及其签字,安全隐患治理情况、复查情况、复查时间、复查人员及其签字等。安全隐患排查治理档案保存期限应不少于36个月。 第七十七条　客运企业应当每月对本单位安全隐患排查治理情况进行统计,分析隐患形成的原因、特点及规律,对多发、普发的安全隐患要深入分析,建立安全隐患排查治理长效机制

续上表

检查方法	检查标准	处罚依据及标准	检查记录

序号	检查事项	检查内容	检 查 依 据
10	安全事故管理	1. 企业发生安全生产事故后，事故报告情况。 2. 企业发生安全生产事故后，吸取事故教训，落实防范和整改措施情况	1.【法律】《中华人民共和国安全生产法》 第八十条　生产经营单位发生生产安全事故后，事故现场有关人员应当立即报告本单位负责人。 单位负责人接到事故报告后，应当迅速采取有效措施，组织抢救，防止事故扩大，减少人员伤亡和财产损失，并按照国家有关规定立即如实报告当地负有安全生产监督管理职责的部门，不得隐瞒不报、谎报或者迟报，不得故意破坏事故现场、毁灭有关证据。 2.【行政法规】《生产安全事故报告和调查处理条例》 第九条　事故发生后，事故现场有关人员应当立即向本单位负责人报告；单位负责人接到报告后，应当于1小时内向事故发生地县级以上人民政府安全生产监督管理部门和负有安全生产监督管理职责的有关部门报告。 第三十三条　事故发生单位应当认真吸取事故教训，落实防范和整改措施，防止事故再次发生。

续上表

检查方法	检查标准	处罚依据及标准	检查记录
1. 资料审查：对于发生安全生产事故的企业，检查企业事故处置记录和上报记录，核查企业是否按规定上报事故、是否及时采取有效处置措施。 2. 资料审查：对于发生事故的企业，检查企业制定的防范和落实整改措施。	1. 企业在发生事故后于1小时之内上报交通运输管理部门和应急管理部门，有事故上报记录。 2. 企业在事故发生后及时采取有效处置措施。 3. 企业针对事故制定了具体的防范和整改措施的文件，并对各项整改措施有落实的记录。		

序号	检查事项	检查内容	检 查 依 据
			3.【规范性文件】《道路旅客运输企业安全管理规范》 第六十五条　对于在旅客运输过程中发生的生产安全事故，客运驾驶员和乘务员应当及时向事发地的公安部门及所属客运企业报告，并迅速按本企业应急处置程序规定进行现场处置。客运企业应当按规定的时间、程序、内容向事故发生地和企业所属地县级以上的应急管理、公安、交通运输等相关部门报告事故情况，并启动生产安全事故应急处置预案。 客运企业应当定期统计和分析生产安全事故，总结事故特点和原因，提出针对性的事故预防措施。 第六十六条　客运企业应当建立生产安全事故责任倒查制度。按照“事故原因不查清不放过、事故责任者得不到处理不放过、整改措施不落实不放过、教训不吸取不放过”的原则，对相关责任人进行严肃处理。 客运企业应当认真吸取事故教训，落实防范和整改措施，防止事故再次发生

续上表

检查方法	检查标准	处罚依据及标准	检查记录
3. 资料审查：对于发生事故的企业，检查企业事故处理记录和警示教育记录，核查企业是否按规定对相关人员进行处理、对从业人员开展警示教育。 4. 询问：根据企业人员花名册抽取安全生产管理人员和驾驶员，考查其是否掌握事故教训及防范和整改措施	4. 企业对安全生产事故进行责任倒查，对相关责任人进行处理，有处理记录。 5. 企业针对事故，对从业人员及时开展了警示教育，有警示教育记录。 6. 抽查的人员掌握事故教训及防范和整改措施		

序号	检查事项	检查内容	检 查 依 据
11	应急管理	1. 企业应急体系和应急预案建立情况。 2. 企业应急演练情况	1.【法律】《中华人民共和国安全生产法》 第八十一条　生产经营单位应当制定本单位生产安全事故应急救援预案,与所在地县级以上地方人民政府组织制定的生产安全事故应急救援预案相衔接,并定期组织演练。 第八十二条　危险物品的生产、经营、储存单位以及矿山、金属冶炼、城市轨道交通运营、建筑施工单位应当建立应急救援组织;生产经营规模较小的,可以不建立应急救援组织,但应当指定兼职的应急救援人员。 2.【部门规章】《生产安全事故应急预案管理办法》 第三十三条　生产经营单位应当制定本单位的应急预案演练计划,根据本单位的事故风险特点,每年至少组织一次综合应急预案演练或者专项应急预案演练,每半年至少组织一次现场处置方案演练。 3.【规范性文件】《道路旅客运输企业安全管理规范》 第六十七条　健全应急救援组织体系,制定完善应急救援预案,开展应急救援演练

续上表

检查方法	检查标准	处罚依据及标准	检查记录
1.资料审查:检查企业应急救援预案。 2.资料审查:检查企业建立应急队伍或者指定兼职应急救援人员的文件。 3.资料审查:检查企业是否制定应急预案演练计划,是否按计划每年开展1次应急演练。 4.询问:抽查部分应急处置相关人员对应急预案的掌握情况	1.企业制定了应急救援预案,包括综合应急预案、专项应急预案,预案内容切合实际。 2.企业建立了应急救援队伍或者指定兼职应急救援人员,有应急救援人员名单;并对应急救援人员进行了培训,有培训记录。 3.企业制定了应急预案演练计划,按规定每年至少开展1次应急预案演练,有演练记录。 4.应急处置相关人员熟知应急预案,掌握处置某类事故的知识和能力	【法律】《中华人民共和国安全生产法》 第九十七条　生产经营单位有下列行为之一的,责令限期改正,可以处十万元以下的罚款;逾期未改正的,责令停产停业整顿,并处十万元以上二十万元以下的罚款,对其直接负责的主管人员和其他直接责任人员处二万元以上五万元以下的罚款: (六)未按照规定制定生产安全事故应急救援预案或者未定期组织演练的	

序号	检查事项	检查内容	检 查 依 据
12	驾驶员聘用管理	1. 企业驾驶员的聘用程序。 2. 企业对驾驶员聘用条件审查的情况	1.【规范性文件】《国务院关于加强道路交通安全工作的意见》 (九)加强客货运驾驶人安全管理。督促运输企业加强驾驶人聘用管理,对发生道路交通事故致人死亡且负同等以上责任的,交通违法记满12分的,以及有酒后驾驶、超员20%以上、超速50%(高速公路超速20%)以上,或者12个月内有3次以上超速违法记录的客运驾驶人,要严格依法处罚并通报企业解除聘用。 2.【规范性文件】《道路旅客运输企业安全管理规范》 第二十条 客运企业应当依法建立客运驾驶员聘用制度。统一录用程序和客运驾驶员录用条件,严格审核客运驾驶员从业资格条件、安全行车经历及职业健康检查结果,对实际驾驶技能进行测试。

续上表

检查方法	检查标准	处罚依据及标准	检查记录
资料审查：驾驶员花名册、驾驶员档案，抽查部分驾驶员的聘用审核记录，核查驾驶员聘用程序是否符合企业驾驶员管理相关制度的要求，是否审核驾驶员从业资格条件、安全行车经历及职业健康检查结果，是否对实际驾驶技能进行测试	1. 驾驶员聘用考核程序符合驾驶员管理制度的要求。 2. 聘用时严格审核了驾驶员从业资格条件、安全行车经历及职业健康检查结果，并对实际驾驶技能进行测试		

序号	检查事项	检查内容	检 查 依 据
			驾驶员存在下列情况之一的,客运企业不得聘用其驾驶客运车辆: (一)无有效的、适用的机动车驾驶证和从业资格证件,以及被列入黑名单的; (二)36个月内发生道路交通事故致人死亡且负同等以上责任的; (三)最近3个完整记分周期内有1个记分周期交通违法记满12分的; (四)36个月内有酒后驾驶、超员20%以上、超速50%(高速公路超速20%)以上或12个月内有3次以上公安机关交通管理部门记录超速违法行为的; (五)有吸食、注射毒品行为记录,或者长期服用依赖性精神药品成瘾尚未戒除的,以及发现其他职业禁忌的; (六)已经取得驾驶证,但身体条件变化,有器质性心脏病、癫痫病、美尼尔氏症、眩晕症、癔病、震颤麻痹、精神病、痴呆以及影响肢体活动的神经系统疾病等妨碍安全驾驶疾病的

续上表

检查方法	检查标准	处罚依据及标准	检查记录

序号	检查事项	检查内容	检查依据
13	驾驶员从业行为定期考核	企业对驾驶员从业行为定期考核情况	【规范性文件】《道路旅客运输企业安全管理规范》 第二十三条　客运企业应当建立客运驾驶员从业行为定期考核制度。 考核内容主要包括：客运驾驶员违法违规情况、交通事故情况、道路运输车辆动态监控平台和视频监控系统发现的违规驾驶情况、服务质量、安全运营情况、安全操作规程执行情况以及参加教育培训情况等。考核周期应不大于3个月。 客运驾驶员从业行为定期考核结果应与企业安全生产奖惩制度挂钩
14	驾驶员信息档案	企业驾驶员信息档案的建立情况	【规范性文件】《道路旅客运输企业安全管理规范》 第二十四条　客运企业应当建立客运驾驶员信息档案管理制度。客运驾驶员信息档案实行一人一档，及时更新。客运驾驶员信息档案应当包括：客运驾驶员基本信息、体检表、安全驾驶信息、交通事故信息、交通违法信息、内部奖惩、诚信考核信息等

续上表

检查方法	检查标准	处罚依据及标准	检查记录
资料审查:抽查部分驾驶员从业行为定期考核记录,核查企业对驾驶员从业行为考核的周期和内容是否符合要求	抽查的驾驶员有从业行为定期考核记录,考核周期不大于3个月,考核内容符合要求		
资料审查:抽查部分驾驶员信息档案,核查是否一人一档,档案是否包含客运驾驶员基本信息、体检表、安全驾驶信息、交通事故信息、交通违法信息、内部奖惩、诚信考核信息等内容	抽查的驾驶员信息档案一人一档,档案内容齐全		

序号	检查事项	检查内容	检 查 依 据
15	车辆技术管理机构及人员	1. 企业车辆技术管理机构设置情况。 2. 专业车辆技术管理人员配备情况	1.【部门规章】《道路运输车辆技术管理规定》 第十二条　鼓励道路运输经营者设置相应的部门负责车辆技术管理工作,并根据车辆数量和经营类别配备车辆技术管理人员,对车辆实施有效的技术管理。 2.【规范性文件】《道路旅客运输企业安全管理规范》 第二十九条　拥有 20 辆(含)以上客运车辆的客运企业应当设置车辆技术管理机构,配备专业车辆技术管理人员,提供必要的工作条件。拥有 20 辆以下客运车辆的客运企业应当配备专业车辆技术管理人员,提供必要的工作条件。 专业车辆技术管理人员原则上按照每 50 辆车 1 人的标准配备,最低不少于 1 人

续上表

检查方法	检查标准	处罚依据及标准	检查记录
资料审查:检查企业车辆技术管理机构设置文件及专业车辆技术管理人员配备名单,核查机构设置及人员配备是否符合要求	1. 拥有20辆(含)以上客运车辆的企业设置了车辆技术管理机构,有机构设置文件。 2. 专业车辆技术管理人员配备符合每50辆车1人的标准		

序号	检查事项	检查内容	检 查 依 据
16	车辆维护	企业对车辆的维护情况	1.【部门规章】《道路运输车辆技术管理规定》 第十六条　道路运输经营者应当依据国家有关标准和车辆维修手册、使用说明书等,结合车辆类别、车辆运行状况、行驶里程、道路条件、使用年限等因素,自行确定车辆维护周期,确保车辆正常维护。 车辆维护作业项目应当按照国家关于汽车维护的技术规范要求和汽车生产企业公开的车辆维护技术信息确定。 道路运输经营者具备二级维护作业能力的,可以对自有车辆进行二级维护作业,保证投入运营的车辆符合技术管理要求,无需进行二级维护竣工质量检测。 道路运输经营者不具备二级维护作业能力的,应当委托二类以上机动车维修经营者进行二级维护作业。机动车维修经营者完成二级维护作业后,应当向委托方出具机动车维修竣工出厂合格证。

续上表

检查方法	检查标准	处罚依据及标准	检查记录
1. 资料审查：车辆台账、车辆技术档案，抽查部分车辆日常维护、一级维护和二级维护记录，核查企业是否做好车辆日常维护、一级维护和二级维护记录，维护周期是否符合企业车辆技术管理制度的规定。 2. 现场核查：抽查部分车辆技术状况	1. 抽查车辆的日常维护、一级维护和二级维护记录齐全。 2. 车辆维护周期符合企业车辆技术管理制度的规定。 3. 抽查车辆的技术状况良好	1.【行政法规】《中华人民共和国道路运输条例》 第六十九条　违反本条例的规定，客运经营者、货运经营者不按规定维护和检测运输车辆的，由县级以上地方人民政府交通运输主管部门责令改正，处1000元以上5000元以下的罚款。 2.【部门规章】《道路运输车辆技术管理规定》 第三十一条　违反本规定，道路运输经营者未按照规定的周期和频次进行车辆检验检测或者未按规定维护道路运输车辆的，交通运输主管部门应当责令改正，处1000元以上5000元以下罚款	

序号	检查事项	检查内容	检 查 依 据
			2.【规范性文件】《道路旅客运输企业安全管理规范》 第三十一条　客运企业应当建立客运车辆维护制度。 客运企业应当依据国家有关标准和车辆维修手册、使用说明书等，结合车辆运行状况、行驶里程、道路条件、使用年限等因素，科学合理制定客运车辆维护计划，保证客运车辆按照有关规定、技术规范以及企业的相关规定进行维护。 客运车辆日常维护由客运驾驶员实施，一级维护和二级维护由客运企业按照相关规定组织实施，并做好记录

续上表

检查方法	检查标准	处罚依据及标准	检查记录

序号	检查事项	检查内容	检查依据
17	车辆技术状况检查	1. 企业不在客运站进行安全例检和车辆技术状况检查情况。 2. 企业对车辆应急装置和安全设施检查情况。 3. 配备新能源车辆技术状况检查情况	【规范性文件】《道路旅客运输企业安全管理规范》 第三十二条　客运企业应当建立客运车辆技术状况检查制度。 客运企业应当配合客运站做好车辆安全例检,对未按规定进行安全例检或安全例检不合格的车辆不得安排运输任务。 对于不在客运站进行安全例检的客运车辆,客运企业应当安排专业技术人员在每日出车前或收车后按照安全例检规定对客运车辆的技术状况进行检查,也可委托客运站经营者或者具备条件的维修企业等开展车辆安全例检,明确委托双方的责任和义务。开展安全例检的专业技术人员应当熟悉车辆结构、例检方法和相关要求。对于一个趟次超过 1 日的运输任务,途中的车辆技术状况检查由客运驾驶员具体实施。

续上表

检查方法	检查标准	处罚依据及标准	检查记录
1. 资料审查：车辆台账，抽查企业不在客运站进行安全例检的部分车辆技术状况检查记录，核查企业是否按规定开展车辆技术状况检查。 2. 资料审查：检查企业对车辆应急装置和安全设施检查记录，核查企业是否每月开展检查。	1. 对于不在客运站进行安全例检的车辆，企业安排专人每日出车前或收车后进行安全技术状况检查，有记录。 2. 企业每月检查记录，检查内容包括车内安全带、应急锤、灭火器、三角警告牌以及应急门、应急窗、安全顶窗的开启装置等是否齐全、有效，安全出口通道是否畅通。		

序号	检查事项	检查内容	检 查 依 据
			客运企业应主动排查并及时消除车辆安全隐患,每月检查车内安全带、应急锤、灭火器、三角警告牌,发动机增压器隔热罩、排气管隔热棉、发动机舱自动灭火装置,以及应急门、应急窗、安全顶窗的开启装置等是否齐全、有效,安全出口通道是否畅通,确保客运车辆应急装置和安全设施处于良好的技术状况。 客运企业配备新能源车辆的,应该根据新能源车辆种类、特点等,建立专门的检查制度,确保车辆技术状况良好

续上表

检查方法	检查标准	处罚依据及标准	检查记录
3. 资料审查:对于配置新能源车辆的,检查新能源车辆技术状况检查制度,核查企业是否按制度开展新能源车辆技术状况检查。 4. 现场核查:抽查部分车辆安全装置是否齐全、有效	3. 抽查车辆的安全装置齐全、有效。 4. 配置新能源车辆的,企业制定了新能源车辆技术状况检查制度并按制度开展车辆技术状况检查		

序号	检查事项	检查内容	检 查 依 据
18	车辆检测	车辆综合性能检测情况	1.【部门规章】《道路运输车辆技术管理规定》 第二十条　道路运输经营者应当定期到取得市场监督管理部门资质认定证书、具备相应检验检测能力的机动车检验检测机构，对道路运输车辆进行检验检测和技术等级评定。 第二十一条　道路运输经营者应当自道路运输车辆首次取得道路运输证当月起，按照下列周期和频次进行检验检测和技术等级评定： （一）客车自首次经国家机动车登记主管部门注册登记不满60个月的，每12个月进行1次检验检测和技术等级评定；超过60个月的，每6个月进行1次检验检测和技术等级评定。 2.【规范性文件】《道路旅客运输企业安全管理规范》 第三十三条　客运企业应当按照有关规定建立车辆检验检测和年度审验制度。严格执行道路运输车辆检验检测和技术等级评定制度，确保车辆符合安全技术条件。逾期未年审、年检或年审、年检不合格的车辆禁止从事道路旅客运输经营

续上表

检查方法	检查标准	处罚依据及标准	检查记录
1. 资料审查：抽查部分车辆的道路运输证、行驶证，核查企业是否按规定的周期开展车辆综合性能检测。 2. 现场核查：抽查部分车辆技术状况	1. 抽查的车辆按期开展车辆综合性能检测。 2. 抽查车辆的技术状况良好	1.【行政法规】《中华人民共和国道路运输条例》 第七十条　违反本条例的规定，客运经营者、货运经营者不按规定维护和检测运输车辆的，由县级以上地方人民政府交通运输主管部门责令改正，处1000元以上5000元以下的罚款。 2.【部门规章】《道路运输车辆技术管理规定》 第三十一条　违反本规定，道路运输经营者未按照规定的周期和频次进行车辆检验检测或者未按规定维护道路运输车辆的，交通运输主管部门应当责令改正，处1000元以上5000元以下罚款	

序号	检查事项	检查内容	检 查 依 据
19	车辆技术档案		1.【部门规章】《道路运输车辆技术管理规定》 第十五条　道路运输经营者应当建立车辆技术档案,实行一车一档。档案内容主要包括:车辆基本信息,机动车检验检测报告(含车辆技术等级),道路运输达标车辆核查记录表,客车类型等级审验、车辆维护和修理(含机动车维修竣工出厂合格证)、车辆主要零部件更换、车辆变更、行驶里程、对车辆造成损伤的交通事故等记录。档案内容应当准确、详实。 2.【规范性文件】《道路旅客运输企业安全管理规范》 第三十条　客运企业应当建立客运车辆技术档案管理制度。按照规定建立客运车辆技术档案,实行一车一档,实现车辆从购置到退出运输市场的全过程管理。客运车辆转移所有权或者车籍地时,技术档案应当随车移交。 客运车辆技术档案应当包括:车辆基本信息机动车检验检测报告(含车辆技术等级),道路运输达标车辆核查记录表,客车类型等级审验、车辆技术等级评定、客车类型等级评定或者年度类型等级评定复核、车辆维护和修理(含《机动车维修竣工出厂合格证》)、车辆主要零部件更换、车辆变更、行驶里程、对车辆造成损伤的交通事故等

续上表

检查方法	检查标准	处罚依据及标准	检查记录
资料审查:抽查部分车辆的技术档案,核查车辆技术档案内容是否齐全	抽查的车辆都按照“一车一档”建立了车辆技术档案,档案内容齐全		

序号	检查事项	检查内容	检查依据
20	车辆动态监控人员配备	企业动态监控人员配备情况	【部门规章】《道路运输车辆动态监督管理办法》 第二十一条　道路旅客运输企业、道路危险货物运输企业和拥有50辆及以上重型载货汽车或牵引车的道路货物运输企业应当配备专职监控人员。专职监控人员配置原则上按照监控平台每接入100辆车设1人的标准配备，最低不少于2人
21	车辆动态监控时间	企业动态监控时段覆盖运营时段情况	1.【部门规章】《道路运输车辆动态监督管理办法》 第二十四条　道路运输企业应当根据法律法规的相关规定以及车辆行驶道路的实际情况，按照规定设置监控超速行驶和疲劳驾驶的限值，以及核定运营线路、区域及夜间行驶时间等，在所属车辆运行期间对车辆和驾驶员进行实时监控和管理。 2.【规范性文件】《道路旅客运输企业安全管理规范》 第五十二条　客运企业应当在客运车辆运行期间对客运车辆和驾驶人进行实时监控和管理

续上表

检查方法	检查标准	处罚依据及标准	检查记录
资料审查：检查企业动态监控人员名单，核查配备数量是否符合要求。委托第三方开展动态监控服务的，检查企业动态监控技术服务合同	1. 企业专职动态监控人员配备数量符合监控平台每接入100辆车设1人的标准配备，最低不少于2人的标准。 2. 委托第三方开展动态监控服务的，动态监控服务在合同期内	【部门规章】《道路运输车辆动态监督管理办法》 第三十六条　违反本办法的规定，道路运输企业有下列情形之一的，由县级以上道路运输管理机构责令改正。拒不改正的，处1000元以上3000元以下罚款： （三）未按规定配备专职监控人员，或者监控人员未有效履行监控职责的	
资料审查：企业车辆动态监控台账，抽查部分企业车辆动态监控记录，核查动态监控时间是否覆盖车辆运营时段	动态监控时间覆盖了车辆运营时段，有交接班记录		

序号	检查事项	检查内容	检 查 依 据
22	动态监控阈值设置	企业动态监控平台中阈值设置情况	1.【部门规章】《道路运输车辆动态监督管理办法》 第二十四条　道路运输企业应当根据法律法规的相关规定以及车辆行驶道路的实际情况，按照规定设置监控超速行驶和疲劳驾驶的限值，以及核定运营线路、区域及夜间行驶时间等，在所属车辆运行期间对车辆和驾驶员进行实时监控和管理。 设置超速行驶和疲劳驾驶的限值，应当符合客运驾驶员24小时累计驾驶时间原则上不超过8小时，日间连续驾驶不超过4小时，夜间连续驾驶不超过2小时，每次停车休息时间不少于20分钟，客运车辆夜间行驶速度不得超过日间限速80%的要求。 2.【规范性文件】《道路旅客运输企业安全管理规范》 第五十条　客运企业应当按照相关法律法规规定以及车辆行驶道路的实际情况，在道路运输车辆动态监控平台中设置监控超速行驶、疲劳驾驶的限值，以及核定运营线路、区域及夜间行驶时间

续上表

检查方法	检查标准	处罚依据及标准	检查记录
查看与查证：检查企业车辆动态监控平台中超速行驶，疲劳驾驶，离线、漂移、轨迹完整率，核定运营线路、区域及夜间行驶时间和速度等阈值设置情况	企业按照相关法律法规的规定在动态监控平台中设置了超速行驶，疲劳驾驶，离线、漂移、轨迹完整率，核定运营线路、区域及夜间行驶时间和速度等阈值		

序号	检查事项	检查内容	检查依据
23	动态监控操作	动态监控人员动态监控操作情况	1.【部门规章】《道路运输车辆动态监督管理办法》 第二十五条　监控人员应当实时分析、处理车辆行驶动态信息,及时提醒驾驶员纠正超速行驶、疲劳驾驶等违法行为,并记录存档至动态监控台账。 2.【规范性文件】《道路旅客运输企业安全管理规范》 第五十一条　监控人员应当掌握国家相关法规和政策,熟悉动态监控系统的使用和动态监控数据的统计分析
24	违法违规报警信息处置	企业对动态监控平台中记录的违法违规信息的处置情况	【部门规章】《道路运输车辆动态监督管理办法》 第二十五条　监控人员应当实时分析、处理车辆行驶动态信息,及时提醒驾驶员纠正超速行驶、疲劳驾驶等违法行为,并记录存档至动态监控台账;对经提醒仍然继续违法驾驶的驾驶员,应当及时向企业安全管理机构报告,安全管理机构应当立即采取措施制止;对拒不执行制止措施仍然继续违法驾驶的,道路运输企业应当及时报告公安机关交通管理部门,并在事后解聘驾驶员

续上表

检查方法	检查标准	处罚依据及标准	检查记录
询问与查证:询问部分监控人员的工作内容、流程及要求,考查企业动态监控人员完成实时监控、指令下发、轨迹回放、统计分析等操作情况	动态监控人员熟悉监控工作内容、流程及要求,能熟练完成实时监控、指令下发、轨迹回放、统计分析等操作		
资料审查与查证:动态监控平台中记录的近一周各类违法违规报警信息的处理记录,核查处理率是否达到90%以上	企业对近期动态监控平台中记录的各类违法违规报警信息,处置率达到90%以上	【部门规章】《道路运输车辆动态监督管理办法》 第三十五条　违反本办法的规定,道路运输企业有下列情形之一的,由县级以上道路运输管理机构责令改正。拒不改正的,处1000元以上3000元以下罚款: (二)未建立或者未有效执行交通违法动态信息处理制度、对驾驶员交通违法处理率低于90%的	

序号	检查事项	检查内容	检 查 依 据
25	动态监控重点驾驶员管理	企业对动态监控平台中报警次数多的重点驾驶员的管理情况	【规范性文件】《道路旅客运输企业安全管理规范》 第五十四条　客运企业应当建立客运车辆动态信息统计分析制度。 客运企业应当定期对道路运输车辆动态监控数据质量问题、驾驶员违法违规驾驶行为进行汇总分析,及时采取措施处理。 对存在交通违法、违规信息的客运驾驶员,客运企业应当在事后及时给予处理,多次存在违法、违规行为的驾驶员应当作为重点监控和安全培训教育的重点对象
26	营运车辆及动态监控平台接入	1. 企业重点营运车辆接入动态监控平台情况。 2. 企业动态监控平台接入全国重点营运车辆联网联控系统情况	【部门规章】《道路运输车辆动态监督管理办法》 第十二条　道路运输经营者应当选购安装符合标准的卫星定位装置的车辆,并接入符合要求的监控平台。 第十四条　道路旅客运输企业和道路危险货物运输企业监控平台应当接入全国重点营运车辆联网联控系统,并按照要求将车辆行驶的动态信息和企业、驾驶人员、车辆的相关信息逐级上传至全国道路运输车辆动态信息公共交换平台

续上表

检查方法	检查标准	处罚依据及标准	检查记录
资料审查与查证：检查企业对动态监控平台中报警次数多的重点驾驶员的处置记录	对于动态监控平台中报警次数多的重点驾驶员有重点监控和安全培训记录		
1. 查看与查证：抽查部分车辆是否接入企业动态监控平台。 2. 查看与查证：检查企业动态监控平台是否接入全国重点营运车辆联网联控系统。 3. 查看与查证：在全国道路运输车辆动态信息公共交换平台抽查部分企业车辆是否按要求上传车辆行驶的动态信息和企业、驾驶人员、车辆的相关信息	1. 抽查的企业重点营运车辆均有效接入动态监控平台。 2. 企业动态监控平台有效接入全国重点营运车辆联网联控系统。 3. 抽查的车辆均按要求上传车辆行驶的动态信息和企业、驾驶人员、车辆的相关信息	【部门规章】《道路运输车辆动态监督管理办法》 第三十五条　违反本办法的规定，道路运输企业有下列情形之一的，由县级以上道路运输管理机构责令改正。拒不改正的，处1000元以上3000元以下罚款： （一）道路运输企业未使用符合标准的监控平台、监控平台未接入联网联控系统、未按规定上传道路运输车辆动态信息的	

序号	检查事项	检查内容	检 查 依 据
27	车辆和驾驶员信息录入	企业动态监控平台中车辆和驾驶员信息录入情况	【部门规章】《道路运输车辆动态监督管理办法》 第十三条　道路运输企业应当在监控平台中完整、准确地录入所属道路运输车辆和驾驶人员的基础资料等信息,并及时更新
28	第三方监控违法违规行为处理	企业对委托的第三方机构提供的驾驶员和车辆违法违规行为的处理情况	【规范性文件】《道路旅客运输企业安全管理规范》 第五十七条　客运企业可以委托第三方机构对企业所属客运车辆进行动态监控,但不因委托而改变企业的动态监控主体责任。 客运企业应当及时对相关违法违规行为进行查处。客运企业应当根据第三方机构提供的监控情况,建立企业内部动态监控管理台账

续上表

检查方法	检查标准	处罚依据及标准	检查记录
查看与查证:动态监控平台中是否完整、准确录入车辆和驾驶员基础资料信息	抽查的车辆和驾驶员在动态监控平台录入的基础资料完整、准确		
资料审查:对于委托第三方机构动态监控的,企业是否对第三方机构提供的驾驶员和车辆违法违规行为进行处理	企业委托第三方机构进行动态监控的,对第三方机构提供的客运车辆和驾驶员违法、违规行为及时进行处理,有相关记录	【部门规章】《道路运输车辆动态监督管理办法》 第三十五条　违反本办法的规定,道路运输企业有下列情形之一的,由县级以上道路运输管理机构责令改正。拒不改正的,处1000元以上3000元以下罚款: (二)未建立或者未有效执行交通违法动态信息处理制度、对驾驶员交通违法处理率低于90%的	

序号	检查事项	检查内容	检 查 依 据
29	运营线路信息台账	企业运营线路信息台账建立情况	【规范性文件】《道路旅客运输企业安全管理规范》 第三十六条　客运企业在申请班车客运线路经营时应当进行实际线路考察,按照许可的要求投放客运车辆。 客运企业应当组织对每条班车客运线路的交通状况、限速情况、气候条件、沿线安全隐患路段情况等建立信息台账,定期更新并及时提供给客运驾驶员
30	行车日志	行车日志填写和审核情况	1.【部门规章】《道路运输从业人员管理规定》 第三十九条　经营性道路旅客运输驾驶员和道路危险货物运输驾驶员应当按照规定填写行车日志。 2.【规范性文件】《道路旅客运输企业安全管理规范》 第四十三条　从事省际、市际班线客运和包车客运的客运企业应当建立客运驾驶员行车日志制度,督促客运驾驶员如实填写行车日志。行车日志信息应当包含:驾驶员姓名、车辆牌照号、起讫地点及中途站点,车辆技术状况检查情况(车辆故障等),客运驾驶员停车休息情况,以及行车安全事故等。行车日志保存期限不少于6个月。 客运企业安全管理人员应当对客运驾驶员每趟次填写的行车日志进行审核、检查,发现问题及时纠正

续上表

检查方法	检查标准	处罚依据及标准	检查记录
1. 资料审查:检查企业是否建立运营线路信息台账。 2. 询问:抽查部分驾驶员是否了解线路的交通状况、限速情况、气候条件、沿线安全隐患路等信息	1. 企业建立了运营线路信息台账。 2. 抽查的驾驶员了解线路的交通状况、限速情况、气候条件、沿线安全隐患路等信息		
资料审查:抽查部分行车日志,驾驶员是否按规定填写行车日志,行车日志填写内容是否完整,企业安全生产管理人员是否对行车日志进行审核	1. 抽查的驾驶员按规定每趟次填写行车日志。 2. 行车日志填写内容完整。 3. 企业安全生产管理人员对驾驶员每趟次填写的行车日志进行审核		

序号	检查事项	检查内容	检 查 依 据
31	长途线路驾驶员配备	企业长途线路驾驶员配备情况	【规范性文件】《道路旅客运输企业安全管理规范》 第三十九条　客运企业应当严格遵守长途客运驾驶员配备要求: (一)单程运行里程超过400公里(高速公路直达客运超过600公里)的客运车辆应当配备2名及以上客运驾驶员; (二)实行接驳运输的,且接驳距离小于400公里(高速公路直达客运小于600公里)的,客运车辆运行过程中可只配备1名驾驶员,接驳点待换驾驶员视同出站随车驾驶员
32	接驳运输	1. 企业接驳运输安全生产管理制度和线路运行组织方案制定情况。 2. 企业接驳运输组织实施情况	【规范性文件】《道路旅客运输企业安全管理规范》 第四十一条　实行接驳运输的客运企业应当按照规定制定接驳运输安全生产管理制度和接驳运输线路运行组织方案,并向交通运输主管部门报送,按规定为接驳运输车辆安装视频监控装置后,方可实行接驳运输。 客运企业制定接驳运输线路运行组织方案应当避免驾驶员疲劳驾驶,并对接驳点进行实地查验,保证接驳点满足停车、驾驶员住宿、视频监控及信息传输等安全管理功能需求。

续上表

检查方法	检查标准	处罚依据及标准	检查记录
资料审查：抽样检查长途线路驾驶员行车日志，核查驾驶员配备数量是否符合要求	抽查的线路长途驾驶员配备数量符合要求		
1. 资料审查：企业实施接驳运输的，检查企业是否制定接驳运输安全生产管理制度和线路运行组织方案。	1. 企业制定了接驳运输安全生产管理制度和线路运行组织方案。 2. 抽查的车辆接驳运输台账记录的接驳时间、地点与实际情况一致		

序号	检查事项	检查内容	检 查 依 据
			客运企业直接管理接驳点的或者进驻接驳运输联盟和其他接驳运输企业运营的接驳点，应当在指定接驳点和接驳时段进行接驳，履行接驳手续，建立健全接驳运输台账。接驳运输台账、行车单、车辆动态监控信息、接驳过程相关图像信息等保存期限不少于6个月。 凌晨2时至5时运行的接驳运输车辆，应当在前续22时至凌晨2时之间完成接驳。在此时间段内未完成接驳的车辆，凌晨2时至5时应当在具备安全停车条件的地点停车休息。 客运企业应当通过动态监控、视频监控、接驳信息记录检查、现场抽查等方式，加强接驳运输管理和安全隐患排查治理，严格执行接驳运输流程和旅客引导等服务；发现违规操作的，应当立即纠正

续上表

检查方法	检查标准	处罚依据及标准	检查记录
2. 资料审查：抽查企业接驳运输台账与动态监控信息进行比对，核查接驳运输台账记录的接驳时间与地点、实际情况一致			

三、道路旅客运输企业安全生产现场技术管理监督检查指导表

序号	检查事项	检查内容	检查依据
1	道路运输证	1. 车辆随车携带道路运输证情况。 2. 道路运输证的合法性和有效性	1.【行政法规】《中华人民共和国道路运输条例》 第三十三条　道路运输车辆应当随车携带车辆营运证，不得转让、出租。 2.【部门规章】《道路旅客运输及客运站管理规定》 第五十四条　客运车辆驾驶员应当随车携带《道路运输证》、从业资格证等有关证件，在规定位置放置客运标志牌

检查方法	检查标准	处罚依据及标准	检查记录
查看与查证：抽查部分车辆是否随车携带道路运输证，核查道路运输证是否合法、有效，车辆审验是否在有效期内	1. 抽查车辆随车携带的道路运输证合法、有效。 2. 车辆审验在有效期内	【部门规章】《道路旅客运输及客运站管理规定》 第九十七条　违反本规定，客运经营者使用未持合法有效《道路运输证》的车辆参加客运经营的，或者聘用不具备从业资格的驾驶员参加客运经营的，由交通运输主管部门责令改正，处3000元以上1万元以下的罚款	

序号	检查事项	检查内容	检 查 依 据
2	车辆应急装备及安全设施	车辆应急装备及安全设施的齐全性和有效性	1.【部门规章】《道路旅客运输及客运站管理规定》 第四十四条　客运经营者应当为旅客提供良好的乘车环境,确保车辆设备、设施齐全有效,保持车辆清洁、卫生,并采取必要的措施防止在运输过程中发生侵害旅客人身、财产安全的违法行为。 2.【规范性文件】《道路旅客运输企业安全管理规范》 第三十二条　客运企业应主动排查并及时消除车辆安全隐患,每月检查车内安全带、应急锤、灭火器、三角警告牌,发动机增压器隔热罩、排气管隔热棉、发动机舱自动灭火装置,以及应急门、应急窗、安全顶窗的开启装置等是否齐全、有效,安全出口通道是否畅通,确保客运车辆应急装置和安全设施处于良好的技术状况

续上表

检查方法	检查标准	处罚依据及标准	检查记录
查看与查证:抽查部分车辆车内安全带、应急锤、灭火器、三角警告牌以及应急门、应急窗、安全顶窗的开启装置等是否齐全、有效,安全出口通道是否畅通	抽查的车辆应急装置及安全设施齐全、有效		

序号	检查事项	检查内容	检 查 依 据
3	安全告知	1. 驾驶员播放安全告知视频情况。 2. 驾驶员开展口头安全告知情况	【规范性文件】《道路旅客运输企业安全管理规范》 第四十七条　客运企业应当建立并有效实施安全告知制度，由驾乘人员在发车前按照相关要求向旅客告知，或者在发车前向旅客播放安全告知、安全带宣传等音像资料。驾乘人员应当在发车前提醒乘客系好安全带
4	卫星定位系统车载终端	1. 卫星定位系统车载终端安全情况。 2. 是否存在恶意人为干扰、屏蔽卫星定位装置信号、破坏卫星定位装置等情况	【部门规章】《道路运输车辆动态监督管理办法》 第七条　在道路运输车辆上安装的卫星定位装置应符合以下标准要求： (一)《道路运输车辆卫星定位系统车载终端技术要求》(JT/T 794)。 第二十八条　任何单位和个人不得破坏卫星定位装置以及恶意人为干扰、屏蔽卫星定位装置信号，不得篡改卫星定位装置数据

续上表

检查方法	检查标准	处罚依据及标准	检查记录
1. 查看与查证:抽查部分驾驶员开展安全告知的情况,核查驾驶员是否能熟练操作播放安全告知、安全带宣传视频。 2. 询问:车辆未配备播放设备的,考查驾驶员是否能熟练进行口头安全告知	1. 抽查的驾驶员能熟练播放安全告知、安全带宣传视频。 2. 车辆未配备播放设备的,驾驶员能熟练进行口头安全告知		
查看与查证:检查车载终端安装和使用情况,核查卫星定位系统车载终端取电是否在车辆启动点火之后,是否存在恶意人为干扰、屏蔽卫星定位装置信号、破坏卫星定位装置等情况	1. 卫星定位系统车载终端取电在车辆启动点火之后。 2. 不存在恶意人为干扰、屏蔽卫星定位装置信号、破坏卫星定位装置等情况		

序号	检查事项	检查内容	检 查 依 据
5	安全隐患治理	企业对排查出来的安全生产隐患的治理情况	1.【法律】《中华人民共和国安全生产法》 第四十一条　生产经营单位应当建立健全生产安全事故隐患排查治理制度,采取技术、管理措施,及时发现并消除事故隐患。事故隐患排查治理情况应当如实记录,并通过职工大会或者职工代表大会、信息公示栏等向从业人员通报。 2.【规范性文件】《道路旅客运输企业安全管理规范》 第七十五条　客运企业应当对排查出的安全隐患进行登记和治理,落实整改措施、责任人和完成时限,及时消除安全隐患。 对于能够立即整改的安全隐患,客运企业立即组织整改;对于不能立即整改的安全隐患,客运企业应当组织制定安全隐患治理方案,依据方案及时进行整改,并在治理过程中采取有效的安全防范措施,无法保障安全的应当按规定及时采取车辆停运等措施;对于自身不能解决的安全隐患,客运企业应当立即向有关部门报告,依据有关规定进行整改

续上表

检查方法	检查标准	处罚依据及标准	检查记录
查看与查证:抽查2~3处一般安全隐患及其治理情况,对排查出的隐患是否落实闭环治理的要求	抽查的一般安全生产隐患,企业均按规定落实了闭环治理措施	【法律】《中华人民共和国安全生产法》 第九十九条　生产经营单位未采取措施消除事故隐患的,责令立即消除或者限期消除;生产经营单位拒不执行的,责令停产停业整顿,并处十万元以上五十万元以下的罚款,对其直接负责的主管人员和其他直接责任人员处二万元以上五万元以下的罚款	

附录　道路运输安全生产行政检查工作汇总表(式样)

<table>
<tr><td>被检查单位</td><td colspan="2"></td></tr>
<tr><td>检查方式</td><td colspan="2"></td></tr>
<tr><td>具体检查情况(可以附相关影像、图片、文件等材料)</td><td colspan="2">(可以加附页)</td></tr>
<tr><td colspan="3">检查意见：
(可以加附页)</td></tr>
<tr><td colspan="2">检查人员(签名)：________</td><td>被检查单位(盖章)：________
被检查单位负责人(签名)：________</td></tr>
<tr><td colspan="3">检查日期：________年________月________日</td></tr>
</table>

注：本表一式3份，监管部门存留2份，被检查单位存留1份。